Cornelia Schwarz
Sei deines Glückes Buddha

Cornelia Schwarz
Shirley Michaela Seul

Sei deines Glückes Buddha

Wie du dich von deinen inneren Saboteuren befreist und zu dir selbst findest

Lotos

MIX
Papier aus verantwortungsvollen Quellen
FSC® C083411
FSC
www.fsc.org

Penguin Random House Verlagsgruppe FSC® N001967

Erste Auflage 2021

Redaktion: Ulrike Strerath-Bolz
Umschlaggestaltung: Guter Punkt, München,
unter Verwendung von Motiven von © Stefan Ilic / iStock /
Getty Images Plus und © Ags Byn / iStock / Getty Images Plus
Satz: Satzwerk Huber, Germering
Druck und Bindung: CPI books GmbH, Leck
Printed in Germany
ISBN 978-3-7787-8304-7

www.Integral-Lotos-Ansata.de
www.facebook.com/Integral.Lotos.Ansata

Gewidmet meiner geliebten Sangha und allen,
die auf dem Weg der inneren Revolution sind,
unermüdlich und beharrlich Liebe zu leben.
Never give up!

INHALT

Es gibt Leute, die haben einfach Glück im Leben. Als ob das Glück sie persönlich kennen würde. Andere haben ein schlechtes Karma erwischt oder keine Adresse angegeben. Da kann man nichts machen.

Denken Sie das manchmal?

Und wenn Sie sich irren? Wenn Buddhas guter Geist in Ihnen Ihr Glück schon geschmiedet hätte? Wenn Buddha Sie bereits gefunden hat?

Hafiz, mein Lieblingsdichter, hat es so ausgedrückt:

Seitdem das Glück deinen Namen gehört hat,
Rennt es ständig durch die Straßen
Und versucht, dich zu finden.
Und in der letzten Woche
Ist Gott selbst mehrmals an meine Tür gekommen
Und hat so lieb nach deiner Adresse gefragt
Und verlangte nach der wunderbaren Wärme deines Herzens.

Daniel Ladinsky: *Ich hörte Gott lachen,* Gedichte inspiriert von Hafiz

Möge dieses Buch Sie inspirieren, Ihre Adresse an den göttlichen Geist Buddhas weiterzugeben. Dann sind Sie … Ihres Glückes Buddha!

WUNSCHLOS GLÜCKLICH

Haben Sie manchmal das Gefühl, sich selbst im Weg zu stehen? Oder kommen Ihnen Gedanken wie die folgenden bekannt vor?

Wenn ich das nur ungeschehen machen könnte!
Ach, bekäme ich doch eine neue Chance!

Dieses Buch *ist* Ihre neue Chance. Es funktioniert so ähnlich wie damals die berühmte Fee und der Wunsch, erinnern Sie sich? »Wenn die Fee vor dir steht, was wünschst du dir?« Die Bescheidenen wussten nicht so recht, was sie dazu sagen sollten. Wer sich für klug hielt, holte sich ein Upgrade. Mathegenies rechneten mit unendlich vielen Wünschen. Buddhisten würden vielleicht sagen: Ein Leben ohne Wünsche.

Wunschlos glücklich sind wir in vielen Fällen erst beim Abspann. Doch wir können das Happy End vorziehen, indem wir die Besetzungsliste unseres Lebensfilms selbst in die Hand nehmen, anstatt sie dem Zufall zu überlassen. Wer spielt in Ihrem Leben eine Rolle? Es könnten mehr Leute am Set sein, als Sie vermuten, und wahrscheinlich kennen Sie einige von Ihnen noch gar nicht, da sie im Hintergrund wirken, sowohl die »Guten« als auch die »Bremser«. Doch der Hintergrund bestimmt über das, was sich auf der Leinwand abspielt. Ohne hilfreiche Geister hinter der Kamera keine Show vor der Kamera! Man sieht nur die im Licht, die im Schatten sieht man nicht.

Und doch ziehen sie manchmal die Fäden, an denen wir dann wie Marionetten agieren: Wenn unsere inneren Saboteure Regie führen.

Warum hab ich nur so einen Blödsinn gemacht?
Wie konnte ich mich dazu hinreißen lassen?
Wieso bin ich wieder mal stumm in der Ecke gestanden?
Wie konnte ich nur!
War ich das?

Zur letzten Frage kann man sagen: Ja und nein. Jeder Mensch ist eine Ansammlung von verschiedenen Teilpersönlichkeiten. Einige von ihnen wirken im Untergrund als Saboteure und sägen am Ast unseres glücklichen Lebens. Sobald wir auf diese inneren Saboteure hören, trauen wir uns vieles nicht zu, was wir eigentlich können, verkaufen uns unter Preis, finden uns zu klein, zu krumm, zu korpulent, verharren in Beziehungen, die uns beschränken, sagen Nein zu neuen Herausforderungen, zweifeln an unseren Fähigkeiten. Wir benennen vielleicht Schuldige: Meine Mutter, mein Chef, die Hitze. »Ich bin nun mal so, ich kann nicht aus meiner Haut.«

Nun, aus der Haut vielleicht nicht, aber aus dem Geist. Mit diesem Buch enttarnen Sie Ihre inneren Saboteure und werden Ihres Glückes Buddha, weil Sie endlich Ihre volle Energie zur freien Verfügung haben, ohne Blockaden durch lästige »Mitbewohner«. Denn wir können nicht nur äußerlich in schlechter Gesellschaft sein, sondern auch in uns selbst. Auf buddhistische Art und Weise werden wir die Saboteure liebevoll einladen, andere Aufgaben zu übernehmen – und am Ende des Buches arbeiten sie für statt gegen uns. Während wir in der besten Version von uns selbst erstrahlen.

Wie befreiend es ist, innere Saboteure mit dem guten Geist Buddhas zu transformieren, erlebe ich täglich mit meinen Klienten. Seit dreißig Jahren unterrichte ich buddhistische Psychologie und coache Führungskräfte mit Schwerpunkt auf intensiver Persönlichkeitsentwicklung. Gemeinsam mit meinem Partner Stephan leite ich die Leadership Akademie in Konstanz am Bodensee. Ursprünglich angetreten als NLP-Lehrtrainerin und Rhetorik-Coach, haben mich unzählige Reisen nach Asien ein Stück weit nach Hause zu den Buddhas geführt ... und zu mir selbst. Ich durfte an vielen Retreats bedeutender Weisheitslehrer und -lehrerinnen teilnehmen, auch beim Dalai Lama. Das hat meine Arbeit nachhaltig geprägt. Heute weiß ich, dass Erfolg nur dann glücklich macht, wenn man seine inneren Saboteure im Griff hat.

Auf den folgenden Seiten möchte ich Sie durch den Prozess führen, in dem wir lernen, die inneren Saboteure zu transformieren, um nicht im Schlamm unserer Ängste, Zweifel, Schmerzen, Unsicherheiten und Launen stecken zu bleiben, sondern Gestalter und Gestalterinnen unseres Lebens zu sein: in tiefer Verbindung mit dem Energiefeld des Göttlichen.

Die buddhistische Philosophie und Psychologie ist eine Schatztruhe, um innere Saboteure zu entlarven und zu befrieden. Und auch Sie werden Ihres eigenen Glückes Buddha, sodass Sie der Fee, falls sie eines Tages vor Ihnen stehen sollte, mit einem Lächeln mitteilen können: Ich bin wunschlos glücklich.

Von der Knospe zur Blüte

Schon früh habe ich mich aufgemacht, mich selbst zu suchen, wie man so schön sagt. Diese Entwicklung gehört ganz natürlich zur Pubertät, bei mir kam die Scheidung meiner Eltern hinzu. Mit meiner Mutter zog ich von meiner bisherigen Heimat Schweiz nach England und später in die USA, wo meine Mutter erneut heiratete. Als ich schließlich nach dem Abitur zum Studium in die Schweiz zurückkehrte, war ich zwar wieder in meiner Heimat, hatte mich allerdings noch immer nicht gefunden. Voller Elan stürzte ich mich in meine Persönlichkeitsentwicklung. Ein Wochenende nach dem anderen suchte ich auf Seminaren nach mir selbst. An manchem Sonntagabend war ich überzeugt: Jetzt! Jetzt hab ich es! Jetzt weiß ich Bescheid. Doch schon am Dienstag, wenn ich mich mit meinem Freund gestritten hatte oder er nicht verstand, welche großartigen Erkenntnisse ich ihm vermitteln wollte, war ich wieder so klug wie am Freitag zuvor. Die Zweifel, die ich hoffte, ein für alle Mal losgeworden zu sein, kamen wieder. Gott sei Dank stand das nächste Seminar an. Vielleicht würde es diesmal klappen, und ich hätte einen Durchbruch. Ich war der festen Meinung, dass ich nur gewissenhaft nach mir selbst suchen müsste, dann wären alle meine Probleme wie von Zauberhand gelöst. »Und außerdem«, sagte ich zu meinem Freund, »muss ich mich erst mal selbst lieben.«

Denn das hatte ich in den Seminaren immer wieder gehört, als erste und wichtigste Voraussetzung. Nur wenn ich mich selbst liebte, konnte ich andere lieben.

»Also liebst du mich nicht?«, neckte mein Freund mich.

Aus meiner damaligen Unwissenheit heraus erlitt ich viele Enttäuschungen, auch große. Denn so phänomenal meine Erkenntnisse auf den ersten Blick auch erschienen, nach einer Weile passierte immer das Gleiche: das Leben. Obwohl ich doch alles richtig machen wollte, hatte ich mich abermals dabei ertappt, unnett zu mir zu sein, negativ zu denken, überheblich und neidisch zu sein, aus dem Jetzt zu fallen, andere und mich selbst abzuwerten und so weiter: all das Zeug, das ich doch glaubte, endgültig abgelegt zu haben. Aber nein, es war noch immer da, klebte an mir wie Harz. Und hart war ich zu mir selbst.

Ich hatte versagt.

Ja, das hatte ich wirklich, aber anders als ich vermutete. Ich war der irrigen Ansicht, dass es so etwas wie ein festes Ich gäbe, weil ich noch nicht verstanden hatte, wie der Geist funktioniert und dass man ihn nicht ein für alle Mal befriedet oder klärt, sondern dass das ein Prozess ist, ein lebenslanges Jonglieren und Managen. Sonst würde Sich-selbst-Finden ja Stillstand bedeuten. Dann hätte man sich eines Tages gefunden und … wie weiter? Das könnte auf die Dauer ganz schön langweilig werden. So sieht es auch Herr Keuner, von dem Bert Brecht erzählt:

Ein Mann, der Herrn K. lange nicht gesehen hatte, begrüßte ihn mit den Worten: »Sie haben sich gar nicht verändert.«

»Oh!«, sagte Herr K. und erbleichte.

Normalerweise gilt das als ein schönes Kompliment, wenn uns jemand, der uns lange nicht gesehen hat, sagt, wir hätten uns nicht verändert. Auch wenn wir es nicht glauben, so tut es doch gut. Es gibt jedoch noch eine andere Sichtweise: »Du bist immer noch der Alte« heißt, dass du nicht gelebt hast.

Heute, mit Anfang sechzig, fühle ich mich viel wohler in mir selbst. Denn ich weiß, dass ich mich nicht finden muss, um mich gefunden zu haben. Ich habe verstanden, dass das Leben ein nie endender Transformationsprozess ist, und kann differenziert mit meinem Geist umgehen, anstatt von ihm durchs Leben gejagt zu werden. Ich kenne ihn und seine Tricks, ich kenne auch mich mittlerweile ganz gut und bin nicht mehr so schockiert über mich wie früher, wenn ich mir zuweilen vorkam, als hätte eine Fremde aus mir heraus agiert.

Manchmal bin ich auch heute noch überrascht: Was kommt denn da hoch? Gerade in Zeiten gesellschaftlicher Umwälzungen melden sich manche Persönlichkeitsanteile, die jahrelang tief schlummerten. Corona beispielsweise hat sie aufgeweckt. Doch im Großen und Ganzen sind meine inneren Saboteure deutlich ausgedünnt, und nach so vielen Jahren können sie mich auch nicht mehr so leicht überrumpeln, ich lasse mich nicht mehr manipulieren. Eher zeige ich meinen inneren Saboteuren, wo es langgeht: nämlich in die Freiheit, in Buddhas warmes Licht. Es gelingt mal besser, mal schlechter, denn so ist das Leben: immer im Fluss. Meiner Überzeugung nach sind wir Menschen fluide Wesen, die sich in einem fortlaufenden Wachstumsprozess befinden. Idealerweise ist unser Mindset dynamisch statt starr. Letzteres wäre ein Merkmal für innere Saboteure.

Ein starres Mindset weist auf ein inneres Bild von uns selbst, dem um jeden Preis entsprochen werden muss. Als junge Frau war es mir ungemein wichtig, beliebt zu sein. Ich wünschte mir, dass sich andere in meiner Gegenwart wohlfühlten. Dann ging es mir gut, dann war meine Welt in Ordnung. Das stimmte natürlich nur zum Teil, denn um das zu erreichen, musste ich mich manchmal ganz schön verbiegen. Doch wenn man jung ist, ist man auch flexibel und bricht sich selbst bei gewagten Verrenkungen nicht die Knochen. Nur kostet es unwahrscheinlich viel Kraft. So ähnlich beschreiben es meine Klienten und Klientinnen: Es ist, als würden zwei starke, gegensätzliche Kräfte in mir kämpfen.

Ja, auch das kommt vor, dass verschiedene Teilpersönlichkeiten um die Herrschaft ringen. Das kann sehr anstrengend sein. Man verliert sozusagen die Orientierung in seinem eigenen Leben, kennt sich gar nicht mehr aus und fühlt sich irgendwann nur noch erschöpft.

So ging es mir auch: Wann immer damals meine Welt aus ihrer starren Ordnung geriet, brach meine Identität zusammen. Heute weiß ich, dass ich sie noch gar nicht gefunden hatte, dass das, was zusammenbrach, ein konstruiertes Idealbild vieler Teilpersönlichkeiten war. Ich hatte mich noch nicht so weit entwickelt, das große Ganze sehen zu können.

Heute betrachte ich das alles spielerischer. Als fluide Wesen bestehen wir aus unterschiedlichen Aspekten. Von Moment zu Moment können wir neu entscheiden, wie wir sein, zu wem wir werden wollen. Das kann auch Angst machen, und deshalb kann ein strenger Verhaltenskodex sehr verlockend sein, denn hier gibt es nur Richtig und Falsch. Man weiß genau, was man zu tun und zu lassen hat, Messer rechts, Gabel links, von außen nach innen. Nicht mit dem Freund der besten Freundin schlafen. In der Firma dem Kunden stets freundlich und serviceorientiert zustimmen. Tue stets deine Pflicht, sage nie, das kann ich nicht. Aber ist Leben nicht mehr als Pflichterfüllung?

Doch wer zeigt uns den Weg zu uns selbst? Mit diesem Buch möchte ich Ihnen einige Routenvorschläge machen, die in unserem Navi angelegt sind. Denn wir alle sind menschlich fühlende Wesen, die den Geist zum Leuchten bringen möchten.

Die innere Quelle

Ich war elf Jahre alt und stand wie so oft mit meiner Schulfreundin an der Straßenecke, an der sich unsere Wege trennten. Ich fuhr auf meinem blauen Rad geradeaus weiter, sie bog auf ihrem roten ab. Ich weiß nicht mehr, worüber wir gesprochen hatten, doch ich spüre noch meine kleine Hand, die auf mein Herz klopfte, und höre mich im Brustton der Überzeugung sagen: Gott ist in mir.

Jahre später, als ich begonnen hatte zu meditieren und die wundervolle Erfahrung machen durfte, mit der göttlichen Ebene verbunden zu sein, fragte ich mich manchmal, woher dieses Wissen kam, dass die Elfjährige in mir so klar und ohne jeden Zweifel in den Schweizer Mittag gerufen hatte. Aus einem christlich geprägten Elternhaus inklusive Sonntagsschule stammend, hatte ich gelernt, dass der liebe Gott und Jesus außerhalb von mir existierten. Ich klein und unbedeutend auf der Erde, der liebe Gott groß und mächtig im Himmel. Als braves Mädchen sollte ich eines Tages zu ihm gelangen: *Lieber Gott, mach mich fromm, dass ich in den Himmel komm.* Nicht er würde zu mir kommen oder gar in mir sein. Dennoch hat ein Teil von mir die Verbindung mit dem Göttlichen gespürt, und ich glaube, dass viele Menschen solche Erfahrungen machen. Oft in der Natur und in Kombination mit einer besonderen Lichtqualität. Deshalb berührt uns der Sonnenauf- und -untergang so sehr: Das innere Licht resoniert mit dem äußeren. Vor allem Kinder können sich dem ganz hingeben und sind geradezu beseelt von diesem Moment. Ich erinnere mich an einige solcher Augenblicke, vor allem am Meer, wenn die Lichtstrahlen auf dem Wasser silbern schimmern und strahlen, oder im Winter, wenn sie auf einem unberührten weiten Schneefeld magisch glitzern und funkeln. Oder im Wald, wenn die Sonnenstrahlen weich durch die Bäume leuchten.

Und natürlich beim Joggen. Sportmediziner sprechen vom Runners High. Ich erlebe diesen Zustand als tiefe Verbundenheit mit dem Göttlichen. In der Bewegung atme ich tiefer, mehr Energie fließt durch meinen Körper, der Geist beruhigt sich, ich laufe und atme und laufe und atme, und mein Bewusstsein öffnet sich. Noch heute durchflutet mich das Gefühl dieser Glückseligkeit, wenn ich an meinen ersten und letzten Marathon in New York denke. Es war der erste Lauf nach 9/11. Die Stadt war wund und die Menschen offen, wärmer und freundlicher, als ich die kühlen, gestressten New Yorker sonst erlebt hatte. Beim Start spielten sie zum ersten Mal wieder Frank Sinatras »New York, New York«. Bewegt und gleichzeitig aufgeregt und nervös suchte ich nach meinem Pulsmesser, um auf Start zu drücken. Die Verrazano Narrows Bridge lag vor mir, ich fühlte mich leicht wie eine Gazelle. Der Enthusiasmus und die Freude der Zuschauer, wie sie uns zujubelten und in ihrer ganzen Vielfältigkeit anspornten, inspirierten und beflügelten mich. Mehr und mehr wurde es ganz weit und hell leuchtend in mir. Ich spürte diese allumfassende Liebe, die uns alle umgab und verband. Von Herz zu Herz. Nichts trennte uns mehr, keine Farbe, keine Nationalität, keine Religion, keine Meinungen. Es war einfach pure Freude, und ich war eins mit allen. Tränen liefen mir über die Wangen, während ich in meinem Rhythmus loslief.

Leider dauerte dieser Zustand nicht bis zum Ziel. Nach zwei Stunden fing die Hölle an. Verschiedene innere Stimmen, Saboteure, meldeten sich, und natürlich der Schmerz im Körper: *Warum hast du nicht früher angefangen zu trainieren … Das schaffst du nie! Du wirst die Letzte sein und dich furchtbar schämen. Alle werden dich auslachen. Was für eine Blamage, wenn ich aufgebe!* Hätte ich mich im Vorfeld nicht auch innerlich stark vorbereitet, nicht nur an meiner körperlichen Kondition gearbeitet, ich hätte tatsächlich aufgegeben …

Auf der Suche nach sich selbst und der Verbindung mit dem Göttlichen braucht es nicht unbedingt Accessoires, Räucherstäbchen, Yogamatten und Kerzen. Es kann auch auf einer Straße in Brooklyn geschehen. Es braucht nur ein waches Bewusstsein. Jeder Tag lädt uns ein zu unzähligen Momenten des Gewahrseins der göttlichen Liebe. Sehen wir sie? Hören wir sie? Schmecken wir sie? Riechen wir sie? Fühlen wir sie? Unsere Sinne schenken uns diese Erfahrung. Wir können lernen, das göttliche Bewusstsein in unseren physischen Körper herunterzuladen, und dort leuchtet es weit und weich und wundervoll in uns.

In meinen frühen Ausbildungen nannten wir diese Kraft die innere Quelle. Heute sind Universum, höheres Selbst, göttliches Bewusstsein, Quantenfeld gebräuchlicher. Auf einer Reise nach Indien verdichteten sich diese verschiedenen Begriffe für mich eines Tages zu einer leuchtenden Erfahrung, die in jedem von uns glüht. Ich nenne sie Buddha. Moderne Christen würden sie als Christusbewusstsein bezeichnen. Der Name ist egal. Wichtig ist zu wissen, dass das Göttliche in uns ist und dass wir an diesem wärmenden, wunderbaren Leuchten andocken können. Ein Lichtschein in der Finsternis. Ein Leitstern, wenn wir die Orientierung verlieren. Und nicht zuletzt eine Zuflucht auch für unsere inneren Saboteure, wenn wir sie aus dem Untergrund, aus dem Keller locken möchten. Die Integration dieser abgespaltenen Anteile, um einen Begriff aus der Psychologie zu nutzen, macht uns erst zu einem ganzen Menschen. Indem wir unsere inneren Saboteure befreien, entwickeln wir unser göttliches Wesen, bringen ans Licht, was im Dunkeln hauste.

Ich mag die Metapher von Buddha und den Lotosblüten, weil sie auf gut nachvollziehbare Art und Weise die Reise zum Göttlichen beschreibt:

Stellen Sie sich einen wunderschönen Teich vor, auf dem auch einige Lotosblüten schwimmen. Sie sehen nur diejenigen auf der Wasseroberfläche. Ganz unten auf dem Grund des Teiches wachsen ebenfalls Lotosblüten, doch sie sind noch Knospen. Tief im Schlamm stecken Knospen, die nicht ahnen, dass es eine Wasseroberfläche und Sonnenlicht gibt. Sie sind einfach da – und haben noch einen weiten Weg vor sich. Darüber befinden sich Lotosblütenknospen, die sich aus dem Schlamm befreit und eine Idee vom Licht entwickelt haben, das hin und wieder in ihre Tiefe blitzt. Nah unter der Wasseroberfläche treiben Lotosblumenknospen, die sich beharrlich dem Licht entgegenstrecken, das sie deutlich erkennen können.

Auf dem Wasser schließlich schwimmen die erblühten Lotosblumen. Sie haben die Wasserfläche durchstoßen und sich in ihrer Erleuchtung geöffnet. Deshalb sitzt Buddha in vielen Darstellungen auf einer geöffneten Lotosblüte. Sein Geist ist erleuchtet, er ist frei.

HOCH-ZEIT DER SABOTEURE

Ein Brautpaar fiebert seiner Hochzeit entgegen. Fünf Monate vor dem großen Tag beginnen die beiden mit den Vorbereitungen und hören von anderen, dass das ein ziemlich sportlicher Zeitplan sei. Das merken sie bald selbst, denn es gibt unglaublich viel zu tun. Beide wollen den schönsten Tag ihres Lebens feiern. Jedes Detail soll passen, noch besser als bei der Hochzeit des Geschäftspartners des Bräutigams, und der hat mächtig vorgelegt. Trotzdem geht dem Mann irgendwann die Puste aus. Die Frau übernimmt seine To-do-Liste aus Liebe auch noch; sie war mit dabei auf der Hochzeit des Geschäftspartners. Zudem stresst sie der Erwartungsdruck, dass die Hochzeit der schönste Tag im Leben einer Frau sein müsse. Das hat sie Hunderte Male gehört und gelesen.

Dann ist es endlich so weit. Doch o Schreck: Das Blumengeschäft vergisst den Brautstrauß! Dabei wird er doch so dringend gebraucht, zum Höhepunkt des ersten Teils der Zeremonie, wenn die Braut ihn zu ihren ledigen Freundinnen wirft. Die Nerven liegen blank, in aller Eile wird ein Ersatzstrauß organisiert, der farblich leider nicht zur Tischdeko passt. Das gestresste Brautpaar ist den Tränen nah, ja, beide, denn der mitfühlende Mann möchte aus vollstem Herzen, dass seine Braut glücklich und zufrieden ist. Beide lächeln und posen um die Wette, und der Brautschleier weht im Wind, und das Essen ist perfekt, alles ist perfekt, doch beide spüren nichts von ihrem großen Glück, das sie aber fortwährend bestätigen. Ja, wir sind überglücklich. Sie sind so beschäftigt mit dem Angleichen der Realität an ihre Vorstellungen, dass sie keine Kapazitäten mehr frei haben, um irgendetwas zu spüren. Ängstlich forschen sie in den Gesichtern der Gäste. Amüsieren sich alle, vor allem der Geschäftspartner und seine Frau? Werden die Gäste anderen wohl erzählen, wie schön diese Hochzeit war? Am besten wäre es ja, wenn sie sagen würden: Auf so einer tollen Hochzeit war ich noch nie.

Als das Ehepaar am nächsten Morgen aufwacht, sind beide verkatert, obwohl sie nur ein Glas Champagner getrunken haben. Sie haben den Eindruck, um ihre Hochzeit betrogen worden zu sein. Keines der großen Gefühle, die sie im Vorfeld erwartungsvoll aufgebaut haben, ist wahr geworden.

»Eigentlich ist es so«, sagt die Frau zum Mann, »als hätten wir gar nicht geheiratet.«

»Vielleicht haben wir für die anderen geheiratet, nicht für uns selbst«, antwortet der Mann, und damit hat er recht. Aus dem Keller dringt ein Wummern nach oben. Dort unten feiern die inneren Saboteure eine Party, denn alles verlief nach Plan.

»Ich hab einen ganz flauen Magen«, sagt die Frau.

»Und mir ist schlecht«, sagt der Mann.

Samsara

»Der Sinn des Lebens besteht darin, glücklich zu sein«, sagt der Dalai Lama. Ja, ja, ja! Doch wie ergattern wir das Glück, fragen wir uns, wenn wir es nicht mal planen sollen!

Aber müssen wir es denn kriegen? Und von wem? Die Wahrheit ist: Es ist schon da, in uns, wenn ein paar innere Saboteure nicht alles blockieren. Mit Buddhas gutem Geist wird es gelingen, sie zu entlarven. Das ist übrigens einfacher, als ein Glück finden zu wollen, das man kaufen kann.

Scheinbar gibt es zwei Wege zum Glück. Doch einer ist ein Irrweg. Das Glück ist nie außerhalb unserer selbst zu finden. Wir können auch kein Glück kaufen. Und doch fallen wir immer wieder auf diese Vorstellung herein. So groß ist die Sehnsucht des Menschen nach Glück, dass er sich verführen lässt und dies und jenes kauft oder tut.

Im Buddhismus sprechen wir von Samsara und meinen damit die Welt der äußeren Erscheinungen. Wir hoffen, wir würden glücklich, wenn wir uns in die bunte Welt des Konsums stürzen. Das beschränkt sich nicht auf Kaufen. Wir konsumieren auch Menschen, Meinungen, Lebenseinstellungen. Wenn man dies und jenes tut, wird man glücklich. Wenn ich jeden Tag im Fitnessstudio trainiere, bin ich glücklich, wenn ich eine Beziehung hätte, wäre ich glücklich, wenn ich keine Beziehung hätte, wäre ich glücklich, wenn ich fünf Kilo weniger wiegen würde, wäre ich glücklich, wenn ich fünf Kilo mehr (ja, das gibt es auch!) wiegen würde, wäre ich glücklich. Und so rasen wir im Hamsterrad dem Glück hinterher und kommen gar nicht auf die Idee, unsere Gesetze, unsere Glaubenssätze infrage zu stellen – und dadurch die Saboteure zu schwächen, die sie uns einflüstern … und dann ganz einfach die Türklinke zum Glück hinunterzudrücken und einzutreten. Und zu spüren, dass wir ein göttliches Wesen sind.

Klingt einfach?

Ist einfach! Und genau deshalb ist es so schwierig.

In unserer Kindheit dachten wir nicht über das Glück nach. In unser Spiel versunken, lebten wir im Augenblick. Auch heute tragen wir die Fähigkeit zum Glücklichsein in uns. Unsere Großeltern, vielleicht auch Eltern, hatten keinen solchen Stress mit Glück, wie er heute verbreitet ist. Sie sagten vielleicht: Ich bin zufrieden.

Ha, zufrieden, was ist das schon? Langweilig, eingeschlafene Füße, öde.

Ist das wirklich so? Oder brauchen wir nicht die gute Erde der Zufriedenheit, in die wir Freude säen, aus der Glück erwächst? Was geschieht, wenn wir gleich beim Glück beginnen wollen? Bloß keine Zeit verlieren! Bunt bemalte Luftballongesichter schweben körperlos über die Erde. Schnell geht ihnen die Luft aus, und als faltige Hülle stürzen sie ab. Ist das Glück?

Nein, Glück ist ein Schwebezustand … der siebte Himmel.

Was ist Freude? Quirliger Sprudel im Körper und Schmetterlinge!

Und Zufriedenheit? Sie ist leiser, bescheiden, nicht so grell. Alles ist gut. Dieses Gute hat einen großen Vorteil: Es kann andauern. Es vergeht nicht in Sekundenschnelle. Und es macht keinen Stress.

Glücksstress

Während früher vor allem eine Berufsgruppe für das Glück zuständig war, nämlich die Schmiede, ist Glück heute ein Must-have, weil glücklich sein total in ist und außerdem ein Beweis dafür, dass man alles richtig macht. Man kann es sich in einem reichen Land gar nicht leisten, unglücklich zu sein. Schlecht drauf ist out. »Nein, du, ich bin glücklich, so glüüüüückliiiiich, immerfort.« Sich bloß nicht anmerken lassen, dass man am Limit ist. Das kommt überhaupt nicht gut an. Und öfter mal erwähnen, dass man seine Freizeit genießt. Am Montag im Job von dem entspannten Wochenende erzählen. Das in Wirklichkeit der reinste Horror war, aber das muss ja keiner wissen, außerdem hab ich hübsche Bildchen gepostet. Ich bin so glüüüüückliiiiich. Und so effektiv, effizient, erfolgreich.

Meine Yogagruppe soll bloß auch nicht auf die Idee kommen, dass ich Probleme habe, eine Yogini hat keine Probleme, die atmet das weg. Ich bin so entspannt, total entspannt, tiefenentspannt, ich weiß, wie es geht, ich bin rundum glüüüüückliiiiich. Und wenn ich mal ein bisschen gedeckelt bin, kriege ich Schuldgefühle, weil es überhaupt keinen Grund gibt, nicht wahnsinnig glücklich zu sein. Wer nicht wahnsinnig glücklich ist, zeigt damit doch nur, dass er ein Versager ist. Du musst einfach immer das Beste draus machen, und schau mal die Blume am Wegesrand an! Das Glück liegt nämlich auf der Straße, und wenn du es nicht siehst, bist du selbst schuld. Wenn gar nichts hilft, kein Kalenderspruch, kein Ratgeber, keine Selbstbeschimpfung, denke ich ganz schnell, wie schlimm es woanders ist, dann bin ich gleich wieder glüüüüückliiiiich! Und die anderen sollen sehen, wie happy ich bin. Wenn sie mich beneiden, dann geht es mir gleich noch besser oder überhaupt mal einigermaßen, und dann bin ich eins, zwei, drei glüüüüückliiiiich!

Tatsächlich? Füttern wir mit dieser Strategie unser Glück oder unsere inneren Saboteure? Eines der größten Glücksgifte ist das Vergleichen. Wer sich mit anderen vergleicht, ob er sie erhebt oder beneidet, der macht seine Saboteure glücklich und sich selbst unglücklich.

Ich bin sehr viel gereist. Viele meiner Ausbildungen fanden im Ausland statt. Natürlich habe ich auch die eine oder andere Sehenswürdigkeit besucht und im Laufe der letzten zwanzig Jahre miterlebt, wie Sehenswürdigkeiten sich zu Fotowürdigkeiten entwickelten. Aus dem Auto aussteigen, Foto machen, weiter. Eines Tages habe ich mit diesem Unsinn aufgehört, denn ich spürte, dass ich nichts spürte. Dadurch, dass ich die Großartigkeit eines Moments auf ein Foto bannte, verpixelte er sich in einem Häufchen grauer Asche. Später einmal wollte ich mich mithilfe meiner Fotos erinnern, wie schön es war. Doch wie soll ich mich später an ein Glücksgefühl erinnern, das ich in diesem Moment gar nicht fühlen konnte, weil ich mit Fotografieren beschäftigt war? Woran sollte ich mich erinnern, wenn ich in dem Augenblick gar nicht wirklich anwesend war, sondern mit dem Zoom befasst – vielleicht springt ein toller Post dabei heraus …

Ich fotografiere noch immer, aber weniger, und es ist mir wichtiger, die Eindrücke in meiner inneren Mediathek zu speichern. Das Funkeln und Glitzern der Abendsonne auf dem Wasser. Ich verharre und schaue und atme und nehme es tief in mich auf. Genau genommen atme ich mindestens drei Mal tief ein und aus, wie es Rick Hanson, Neuropsychologe an der Universität Berkeley, California, und Autor von *Hardwiring Happiness,* in seiner 10-Sekunden-Strategie empfiehlt.

Das Gehirn ist nämlich nicht besonders gut darin, positive Erfahrungen in feste Strukturen umzuwandeln. Bei negativen Erfahrungen geht es leicht und schnell, und das ist auch richtig so, denn negative Erfahrungen sind eine Gefahr, also will der Körper sofort darauf reagieren. Positive Erfahrungen brauchen länger, bis sie runtergeladen sind in die Zellen des Körpers. Länger heißt mindestens zehn Sekunden – circa drei Atemzüge, dann ist die Erfahrung in unseren neuronalen Verbindungen installiert. Drei Mal tief ein- und ausatmen, dann kommt es, das Glitzern der Abendsonne in meinem Herzen, und verbindet sich mit dem Licht des Buddhas in mir, wie in einer Meditation. Wenn ich diese Abendstimmung nur »abschieße«, bleibt sie draußen. Und welcher innere

Saboteur drückt den Knopf … wer hindert mich jetzt gerade daran, vollständig in diesem Moment zu verweilen?

Vielleicht möchten Sie auch einmal darüber sinnieren, warum Sie etwas posten. Um anderen Menschen Liebe und Freude zu senden? Oder um anderen zu zeigen, wie glüüüüückliiiiich Sie sind? Und wenn die Fotos nicht so aussehen, wie Sie sich vorstellen, dass sie aussehen sollen, werden sie dann verschönert? Für wen eigentlich? Für uns selbst oder für die anderen, die uns darum beneiden sollen? Blöd ist bloß, dass man das, was man nur für die Wirkung auf die anderen tut, nicht spürt. Aber Hauptsache, es sieht nach Glück aus …

Ist dieser erbarmungslose Glückswettbewerb ein gutes Lebensrezept? Nein, hier ist ein besonders raffinierter Saboteur am Werk. Wir werden ihn und seine Kollegen in den folgenden Kapiteln kennenlernen. Wichtig ist an dieser Stelle die Erkenntnis, dass Glück in Stress ausarten kann, wenn man es nämlich unbedingt will, wenn wir ihm hinterherjagen. Dabei geschieht meistens etwas Kurioses. Wir hetzen und rennen auf ein Ziel zu, wo wir das Glück vermuten, und erkennen nicht, dass das Glück rechts und links unseres Weges liegt. Es ruft und winkt und lockt, doch wir sind taub und blind auf der Suche nach dem Glück, das wir uns erhoffen, von anderen Menschen, Umständen und Ereignissen zu erhalten, von einem Licht, das außerhalb unserer selbst leuchtet.

Samsara – die Welt der äußeren Erscheinungen. Das erinnert mich an die Geschichte von dem Mann mit dem verlorenen Ring. Unter einem Laternenpfahl stehend, sucht er ihn. Ein zweiter Mann hilft ihm in dieser mondlosen Nacht freundlich beim Suchen. Nach einer Weile fragt er: »Und Sie sind sicher, dass Sie den Ring hier verloren haben?«

»Nein«, sagt der erste Mann. »Aber hier ist es hell.«

Gewiss hat er recht, doch auch in uns selbst leuchtet es, und dieses Leuchten kann uns wirklich nach Hause bringen.

Die Glücksfrage

Halte kurz inne und vergegenwärtige dir,
wann du zuletzt glücklich warst.
Was bedeutet Glück für dich?
Wie fühlen sich diese Glücksmomente in deinem Körper an?
Bist du in glücklichen Momenten meistens mit anderen zusammen oder auch mal allein?
Sind Glücksmomente verbunden mit Leistungen,
mit dem Gefühl, etwas erreicht zu haben?
Sind Glücksmomente mit Materie verbunden,
mit dem Gefühl, etwas zu haben?
Oder ist alles ganz anders? Und wenn ja, wie?

Sobald wir mit unserem Bewusstsein nach innen gehen, in die Räume, in denen die höhere göttliche Ordnung wirkt, stellt sich das Glück fast automatisch ein. *Fast* bedeutet, dass es kein Instant-Glück gibt. Wir müssen schon ein bisschen was dafür tun – die beste Investition in uns selbst! Bewusst werden, bewusst sein, am einfachsten gelingt das mit Meditation. Deshalb gibt es in diesem Buch auch einige geführte Meditationen, die Sie mit einem Klick downloaden können, damit es auch bei Ihnen Klick macht. Vielleicht macht es jetzt gleich Klick, wenn Sie einen Blick in Ihren eigenen Keller werfen: Gibt es dort Saboteure? Und wenn ja, wie viele?

SABOTEURE SUCHEN, UM GLÜCK ZU FINDEN

Wer bin ich? Dieselbe wie vor zehn Jahren, wie gestern oder eine andere als vor fünf Minuten? Und wenn ich eine andere bin, bin ich das dann komplett oder nur zum Teil? Und ist das gefährlich? Nein, es ist normal, die Persönlichkeit bleibt ein Ganzes. Unter dem Label *Ich* scharen sich vielerlei Aspekte einer Persönlichkeit. Manche mögen wir, von manchen hätten wir gern mehr, von anderen weniger, und einige kennen wir gar nicht oder kaum: jene Teilpersönlichkeiten, die als innere Saboteure wirken.

Entdeckt wurde die sogenannte Multiplizität der Psyche von dem italienischen Psychoanalytiker Roberto Assagioli, der gemeinsam mit Piero Ferrucci das therapeutische Modell der Psychosynthese entwickelte. Von den beiden stammt auch der berühmten Satz: *Jeder von uns ist eine Menschenmenge.*

Diese Menschenmenge zusammengenommen ist unsere Persönlichkeit. Stellen Sie sich einen Kreis vor. In diesem Kreis befinden sich viele verschieden große Kreise: die Teilpersönlichkeiten. Manche von ihnen gefallen uns, andere nicht, manche kennen wir recht gut, andere kaum. Und einige, denen wir uns in den folgenden Kapiteln widmen, sabotieren uns. Damit wir sie nicht ertappen, haben sie sich verkleidet. Oft ist ihre Tarnung so perfekt, dass wir uns selbst auf den Leim gehen. Dort bleiben wir dann kleben, und das hindert uns daran, uns weiterzuentwickeln.

Was aber noch viel schlimmer ist: Der Leim trennt uns auch von der Verbindung mit unserer inneren Buddha-Natur, trennt uns von der Liebe, trennt uns von der göttlichen Kraft. Diese vermeintliche Trennung verursachen die Saboteure.

Ein Ego kastrieren

Das einzige Problem,
Wenn wir ein gigantisches Ego nicht kastrieren, ist:
Es wird mit Sicherheit liebeshungrig
Und zeugt hundert schreiende Konzepte und Kinder.

Das einzige Problem,
Wenn wir ein ausgebrochenes Ego nicht wieder einfangen,
Es wird dir nicht mehr so danach zumute sein,
In dieser schönen Welt zu singen.

Daniel Ladinsky: *Ich hörte Gott lachen*, Gedichte inspiriert von Hafiz

Wir sagen *ich*, doch gemeint ist damit die ganze kunterbunte Gesellschaft, ein Bündel aus verschiedenen Ichs. Gäbe es nur eines, würden wir immer gleich reagieren. Doch je nachdem, wie wir das Leben im Moment empfinden, ob als Last, Geschenk, Abenteuer, Kampf etc., legen wir ein anderes Verhalten an den Tag – auch abhängig von wechselnden Umgebungen, unserem Hormonstatus, diversen Befindlichkeiten, dem Wetter, unserem Zuckerspiegel, der Sternenkonstellation und so fort. Wir reagieren auf ein und dieselbe Situation mal so, mal anders. Das zeigen wir sogar durch unterschiedliche Gesten und Körperhaltungen. Mal machen wir uns kleiner, dann richten wir uns auf, wir sprechen unterschiedlich, verwenden andere Wörter, vertreten andere Meinungen. Bei unseren Eltern verhalten wir uns anders als bei unseren Freunden oder bei Vorgesetzten und glauben jedes Mal, dass wir diese Teilpersönlichkeiten wären, weil wir uns vollständig mit ihnen identifizieren. Ist das nicht kurios? Vor allem auch, weil es uns so normal erscheint, dass wir in der Regel gar nicht darüber nachdenken. Außer die Teilpersönlichkeiten gehören zu den Saboteuren. Sobald sie in Aktion treten, entwickeln wir ein Störgefühl, in ihrer Gesellschaft sind wir nicht wirklich entspannt. Irgendetwas stockt. Wir empfinden uns nicht im freien Fluss, manchmal sogar wie ferngesteuert. *Warum traue ich mir so wenig zu? Warum gehöre ich nie richtig zu den anderen? Wieso sterbe ich tausend Tode, wenn ich vor dem ganzen Team eine Rede halten soll? Warum verliebe ich mich ständig in verheiratete Männer? Warum schaffe ich nie, was ich mir vornehme? Warum werde ich meine Rückenschmerzen nicht los? Warum habe ich immer so einen Druck in mir? Warum fühle ich mich manchmal so einsam? Warum macht es mir so viel Spaß, andere zu provozieren? Warum bin ich irgendwie nie gut genug? Warum mache ich mir so oft Sorgen um ungelegte Eier? Wieso kann ich meiner Schwester ihren Erfolg nicht gönnen?* Und so weiter und so weiter.

Ja, warum nicht? Was für eine Bande missmutiger Saboteure rumort da irgendwo in unseren Unterwelten und vergällt uns das Leben?

Die Geburt der Teilpersönlichkeiten

Teilpersönlichkeiten wachsen in der Kindheit heran, und je nachdem, mit welchen Werten sie gefüttert werden, entwickeln sie sich. Bis zum Alter von etwa zwölf Jahren entstehen die stärksten Prägungen durch die Eltern, die Erziehung, Schule, die Spielkameraden. Weitere Prägungen folgen in der Pubertät durch die Peergroup. Als junge Erwachsene ist unsere Persönlichkeit in den Grundwerten festgelegt. Bis vor einigen Jahren ging man davon aus, dass es darüber hinaus keine Entwicklung gäbe, dass die Persönlichkeit eines Menschen dann fertig und unveränderbar wäre. So hatte es der »Vater« der Psychoanalyse, Sigmund Freud, postuliert.

Doch Freuds Erkenntnisse waren geprägt vom herrschenden Zeitgeist, und der war frauenfeindlich und insgesamt auch nicht besonders menschenfreundlich. Die aktuelle Altersforschung belegt, dass wir uns bis ins hohe Alter verändern können, egal wie stark unsere Flügel in der Kindheit beschnitten wurden. Sie können nachwachsen, »nachreifen« nennt dies die Wissenschaft. Die Erfahrungen, die wir im Leben sammeln, bilden sich zum Teil auch in unseren Genen ab. Wir geben vereinfacht ausgedrückt nicht nur die Farbe unserer Augen und Form unserer Ohren weiter, sondern auch die Farbe unserer Lebenseinstellung, hell oder dunkel. Persönlichkeitsveränderungen brauchen Zeit, und am besten gedeihen sie mit dem Dünger Liebe. Doch auch Leid kann das Leben positiv beeinflussen, wenn es gelingt, Krisen als Chancen zu nutzen.

Was unsere innere Basis betrifft, so ist es ein bisschen wie mit dem Grundgesetz. Das Fundament ist unantastbar gelegt, anderes kann im Laufe der Zeit hinzukommen. Aus intoleranten können tolerante Menschen werden, Ichbezogene können teilen und

Rücksicht lernen. Oder das Gegenteil. Nicht verhandelbar sind Werte wie die Frage, ob für uns Sicherheit wichtiger als Risiko ist, ob uns Beständigkeit mehr bedeutet als Herausforderungen, ob wir dem Alltag das Abenteuer vorziehen, und einiges mehr, was die Wissenschaft im Moment noch entschlüsselt.

Jede Teilpersönlichkeit, egal wie klein sie sein mag, hat ihre eigenen Überzeugungen und Werte und will nur das Beste für uns. Sie agiert aus ihrer eigenen Welt der Möglichkeiten. Diese Welt kann sehr klein sein und die Möglichkeiten eng begrenzt. Doch meint es keine Teilpersönlichkeit schlecht mit uns. Alle handeln in guter Absicht – die Frage ist nur, ob das Verhalten, um diese gute Absicht zu erreichen, angemessen ist für unser Leben im Heute.

Erinnern Sie sich zum Beispiel an jemand in Ihrem Umkreis, der gerade fürchterlich jammert und klagt und sich selbst bemitleidet. Innerlich denken Sie vielleicht: »Wie schade, dieses Verhalten passt gar nicht zu ihm.« Tatsächlich braucht die betreffende Person in diesem Moment wärmende Liebe und Zuwendung. Doch da sie sich ihrer Teilpersönlichkeit nicht bewusst ist, holt sie sich Zuwendung über Jammern und Klagen. Dieses Verhalten ist das einzige, das diese bestimmte Teilpersönlichkeit aufgrund ihrer Überzeugungen und ihrer kleinen Welt kennt. Ein altes Muster aus der Kindheit, das eigentlich dieser Person nicht würdig ist.

Unser erwachsenes Ich – unsere heutige Version von uns selbst – hat ganze andere Möglichkeiten zur Verfügung, ihr Bedürfnis nach Zuwendung und Liebe zu erfüllen. Denn nicht alle unsere Teilpersönlichkeiten leben im Keller als innere Saboteure. In der Regel gibt es deutlich mehr, die uns die Kraft schenken. Aber wollen uns die inneren Saboteure tatsächlich schaden? Oder unterläuft uns ein Missverständnis, weil wir ihre Sprache nicht verstehen? Es könnte sein, dass sie es in Wirklichkeit gut mit uns meinen, so wie wir es früher von unseren Eltern hörten: Wir wollen nur dein Bestes! Wie die jammernde Teilpersönlichkeit ihres Bekannten, die sich eigentlich nach einer liebenden Umarmung und fürsorglicher Aufmerksamkeit sehnt. Was allerdings völlig »verquer« nach außen dringt.

Also, worauf wollen wir unseren Blick richten? Auf die vorübergehende Erscheinung eines inneren Saboteurs oder auf die leuchtende Buddha-Natur unseres Gegenübers? Und übrigens: Wenn wir davon ausgehen, dass der Funke des Göttlichen in uns lebt, dann leuchtet er auch in jeder Teilpersönlichkeit.

Kellerkinder

Die Teilpersönlichkeiten, die uns als innere Saboteure stören, sind in Wirklichkeit verlorene Kinder. Diese Kinder sind auf der Strecke geblieben. Irgendwann einmal sind sie aus der Zeit gefallen und in diesem Zustand eingefroren. Sie haben sich nicht weiterentwickelt, sind nicht mehr gewachsen. Als kleine bedauernswerte Wesen, eingefroren in einem infantilen, ichbezogenen Wertesystem, fristen sie ihre Existenz in der Gestalt einer Teilpersönlichkeit. Sie stören den Fluss, weil sie starr sind. Sie können nicht direkt zu uns sprechen, weil das, was sie uns mitteilen wollen, nicht mit den Werten einer gereiften Persönlichkeit konform geht.

Aber weshalb sind die Kellerkinder so einsam zurückgeblieben? Starke Gefühle haben sie dazu gebracht, sich abzuspalten: Verletzungen, Schmähungen, Kränkungen. Irgendwann in der Vergangenheit hat es eine Situation gegeben, die war so schmerzlich, dass sie beschlossen: So etwas darf mir nie wieder zustoßen. Nie wieder will ich mich so blamieren, so einsam sein, mich so gedemütigt fühlen, so ausgelacht werden, mich so überlistet fühlen und so weiter. Dies ist die Geburtsstunde eines inneren Wächters, der darauf aufpasst, dass genau das nicht mehr passiert. Bereits wenn man in die Nähe einer Gefahr kommt, dass das drohen könnte, muss die Situation beeinflusst werden, um auf keinen Fall noch einmal diese schrecklichen Gefühle zu erleben, mit denen man damals nicht umgehen konnte. Heute könnten wir es. Doch das wissen wir nicht. Wenn die inneren Saboteure im Regiesessel Platz nehmen, läuft nur noch ihr Film. Und in dem gibt es keine Schuld, weil die anderen schuld sind, keine Ängste, weil die getarnt werden, keinen Neid, weil die anderen doof sind, keine Perfektionswut, denn schließlich bestimme ich, was richtig ist, kein Selbstmitleid, weil das Leben ungerecht ist, keine Dramen, schließlich wollen wir nur helfen.

In gewisser Weise sind die inneren Saboteure Rebellen, die vorgeblich für etwas Gutes für alle kämpfen, doch von hintergründig ichbezogenen Motiven geleitet werden, was sie geschickt verschleiern. Und sie sind sehr unglücklich. Das jedoch können sie nicht kommunizieren, denn es würde bedeuten, Bedürftigkeit zuzugeben, was mit großer Scham behaftet ist.

Die inneren Saboteure zu ignorieren oder gar mundtot zu machen, ist keine Lösung. Wir möchten nicht abspalten, sondern integrieren, damit die ganze Persönlichkeit frei strömen kann. Indem wir uns den Teilpersönlichkeiten liebevoll zuwenden, erkennen wir, in welchen Bereichen wir an uns arbeiten sollten, um zu der besten Version von uns selbst zu werden. Diese Transformation ins Licht gelingt, wenn wir die Saboteure mit göttlicher Hilfe transformieren.

Zum ersten Kennenlernen wechseln wir am besten die Perspektive. Sehr mutig steigen wir hinab in den Keller, dorthin, wo die Saboteure sich für gewöhnlich aufhalten. Wir versichern ihnen, dass wir in friedlicher Absicht kommen. Wir wollen sie nicht bewerten, abwerten oder vertreiben. Wir wollen einfach nur mal sehen, wer sie sind, wie sie leben, welche Sorgen sie umtreiben. Und weil unsere Herzen rein und unsere Rede klar ist, sind sie bereit, uns zu antworten. Schon nach kurzer Zeit merken wir, dass es keine Zuckerschlecken ist, ein Saboteur zu sein, denn die meisten von ihnen tragen tatsächlich eine schwere Bürde.

Derjenige, der alles in seiner Macht Stehende unternimmt, damit wir in der Firma vor unseren Kollegen und Kolleginnen keine Rede halten, befürchtet, dass wir uns blamieren könnten. Er möchte uns schlichtweg schützen. Um zu verhindern, dass wir vor sechzig Kollegen und Kolleginnen sprechen müssen, scheut er keine Mühe, schickt Tod und Teufel in Form von Schweißausbrüchen, Zitteranfällen, und wenn das alles nichts hilft, bittet er Montezuma um Unterstützung.

Der innere Saboteur einer meiner Klientinnen, die sehr darunter litt, dass sie sich »als würde ich es riechen« mit Vorliebe in verheiratete Männer verliebte, obwohl sie sich doch nichts so sehr wünschte, wie den Mann fürs Leben zu finden, offenbarte sich als Beschützer vor Liebeskummer. Denn wenn sie sich erfolgreich in einen ungebundenen Mann verlieben würde, käme sie in einen Konflikt mit der Fürsorge für ihre behinderte Schwester, die bei ihr wohnte. Sie hatte ihren Eltern versprochen, sich um die Schwester zu kümmern. Verheiratete Männer konnte diese Teilpersönlichkeit dulden, sie nahmen nicht zu viel Raum ein.

Ein anderer meiner Klienten traut sich trotz bester Abschlüsse und Qualifikation wenig zu und bewirbt sich, »Ich bin kein Hochstapler«, nur um Positionen, für die er deutlich überqualifiziert ist. Ein seltenes Exemplar an Bescheidenheit? Wohl eher nicht, denn sein innerer Saboteur möchte ihn unbedingt vor Misserfolgen bewahren. Nie wieder darf er so scheitern wie damals als Neunjähriger, als er in dem Theaterstück an der Schule die Hauptrolle spielte und seinen Text vergaß.

Sie merken es sicher schon: Unsere inneren Saboteure sind keine Bösewichte. Sie handeln in bester Absicht. Leider kommt das nicht bei uns an, wenn wir unter ihnen leiden. Zum Glück gibt es auch unsere positiven Teilpersönlichkeiten, und je stärker sie ausgebildet sind, desto besser. Eine Rede vor dem Team halten? Das schaffst du, ruft ein selbstbewusster Teil und bekommt gleich noch Unterstützung vom humorvollen Teil, der ein paar lockere Bemerkungen einflechten möchte. Und da meldet sich auch noch der gewissenhafte Teil und will am Ende noch mal alles Korrektur lesen. Ist es nicht herrlich, von so wundervollen Helfern gestärkt zu werden? In ihnen wirkt der Buddha mit dem Besten, was die geistige Welt uns zur Verfügung stellen kann.

Die inneren Saboteure sind keine verstoßenen Kinder Buddhas, nein, sie gehören ebenfalls dazu, nur sind sie ein wenig auf Abwege geraten, und je nachdem, wie stark sie sind, reißen sie uns mit, und dann wird auf einmal alles schwer und zäh, und wir fühlen uns nicht wohl in unserer Haut.

Angenommen, eine Teilpersönlichkeit ist ängstlich und macht sich ständig Sorgen. Deshalb plädiert sie dafür, wenn schon Urlaub sein muss, dann am liebsten in Deutschland. Da ist alles sicher, da kennt sie sich aus, da versteht sie, wie die Leute reden. Doch diese Meinung findet in der Teamsitzung, an der alle Teilpersönlichkeiten teilnehmen, keine Mehrheit. Vor allem die unternehmungslustige und die risikofreudige Teilpersönlichkeit legen ein Veto ein, und so wird die ängstliche überstimmt. Man fährt in den Urlaub, alle miteinander. Er kann ein Fiasko werden, wenn die ängstliche Teilpersönlichkeit als innere Saboteurin auftritt. Noch schlimmer wird es, wenn die anderen versuchen, ihre mahnende

Stimme zu knebeln. Sie würde Wege finden, sich Gehör zu verschaffen, und wenn sie uns ein Bein stellte und dann alle nach Hause müssten oder ihren Urlaub im Krankenhaus verbrächten – gibt es einen sichereren Ort?

Manche unterstützenden Teilpersönlichkeiten rufen stets dieselben inneren Saboteure auf den Plan, was zu einem permanenten Kräftemessen führen kann, das einen Menschen auslaugt und erschöpft. Zwei Schritte vor, einer zurück, ein ewiges Ringen und letztlich Stillstand.

Unsere inneren Saboteure repräsentieren in ihrer strikten Ichbezogenheit Eigenschaften, die wir nicht so gern offenlegen, für die wir uns vielleicht sogar schämen – wie gesagt, wir sollen doch alle glüüüüüücklíiiiich sein und unseren Mitmenschen das Beste wünschen und gönnen. Wenn uns aber doch ein Stachel im Fleisch sitzt, weil die »blöde Kuh« in Gestalt unserer eigentlich hochgeschätzten WG-Mitbewohnerin ein Stipendium für ein Auslandssemester gewonnen hat? Nicht mal erarbeitet, sondern gewonnen! Wir sagen ihr: »Toll, ich freu mich für dich.« Und innen drin ist alles ganz grün vor Neid. Später rutscht uns das vielleicht auch raus: Nicht mal gearbeitet hat sie dafür, typisch. Und kaum haben wir es gesagt, bereuen wir es. Zwei Teilpersönlichkeiten im Boxring, wir mögen uns selbst nicht mehr leiden. Und die neidgrüne Teilpersönlichkeit erst recht nicht. Doch sie gehört zu uns, und auch wenn wir sie heute k. o. schlagen, sie wird immer wiederkehren, als innerer Saboteur, bis wir ein Bewusstsein dafür entwickeln, welche inneren Saboteure uns zu schaffen machen. Bis wir sie erkennen, bevor sie unsere Gefühle, Gedanken, unser Verhalten beeinflussen können.

Es ist nun einmal so: Wir leben in einer Dualität und sind hin- und hergerissen zwischen Ja und Nein. Oft ist uns das nicht bewusst, doch wenn es um Entscheidungen geht, können wir sehr darunter leiden, uns regelrecht zerrissen fühlen. Was soll ich tun? Weil wir es nicht wissen, glauben wir, Ja oder Nein verfügten über gleich starke Argumente. Häufig sind es die inneren Saboteure, die am lautesten schreien. Sie entwickeln auch die intensivsten Gefühle, gerade wenn sie von Ängsten motiviert sind. So lassen wir uns verleiten, auf sie zu hören, und kommen damit nicht selten in Teufels Küche. Hier haben wir nicht die Fülle unserer Möglichkeiten zur Verfügung, und das spüren wir irgendwie auch. Wir wissen, wie wir empfinden, wenn alles gut läuft, wenn wir im Fluss sind. Doch plötzlich sind wir wieder wie ausgewechselt, alles fühlt sich eng und grau an. Ach, wären wir doch mutiger, entschlossener, lockerer, lustiger, schlagfertiger und so weiter. Wer ist schon gern ängstlich oder unsicher oder neidisch?

Es kann auch sein, dass wir bestimmte Werte zwar guten Gewissens vertreten könnten. Doch andere Menschen, an denen uns liegt oder die wichtig für uns sind, die wir beeindrucken möchten, lehnen diese Werte ab. Abhängig von unserem jeweiligen Selbstbewusstsein verbannen wir dann unsere eigenen Überzeugungen in den Keller, sprich Untergrund. In einem Spionagefilm würden diese Saboteure die Rolle von Doppelagenten einnehmen.

Ein Beispiel aus einem Coaching: Für Mona ist Geldhaben ein hoher Wert. Sie liebt es, sich wohlhabend zu fühlen. Sobald ihr Girokonto in den vierstelligen Bereich rutscht, wird die Galeristin nervös. Ihre Eltern sind, genauso wie viele ihrer Freunde, Künstler. Einige haben wenig Geld, was in ihrem Leben aber keine große Rolle spielt. Sie wollen sich lieber verwirklichen. Mona schätzt diese Freundschaften, doch um sie nicht zu gefährden, hat sie ihre

Anziehungskraft zu Geld so gründlich von sich entfernt, dass sie im Brustton der Überzeugung behauptet: »Geld ist mir nicht wichtig.« Doch nicht selten wacht sie nachts mit Verarmungsängsten auf und sieht sich unter einer Brücke enden. So kann sich ein innerer Saboteur auch bemerkbar machen: Wenn du so weitermachst, wird der schlimmste Fall eintreten, vor dem ich dich bewahren möchte. Ich will ja nur dein Bestes. Hinzu kommt, dass Frauen, die selbstbewusst und offen über Geld sprechen und hart verhandeln, in unserer Gesellschaft noch immer als gierig und kaltherzig gelten, während Männer, die ihren Preis kennen, bewundert werden.

Sie merken schon, wie vielen Winkelzügen man folgen muss, um den inneren Saboteuren auf die Schliche zu kommen. In der Psychologie bezeichnen wir unsere dunklen Seiten als Schatten.

Die Schattenpersönlichkeit

Der Schweizer Psychiater und Begründer der analytischen Psychologie Carl Gustav Jung prägte den Begriff des Schattens, der zu den Archetypen gehört und Teil des kollektiven Unbewussten ist. Im Schatten sammelt sich alles, was wir nicht sehen können oder wollen: unsere »negativen« Eigenschaften wie auch sozial unerwünschte und aus diesem Grund unterdrückte Züge der Persönlichkeit. Der Schatten entwickelt sich in den ersten Lebensjahren durch Konflikte zwischen Geboten und Verboten, Erwartungen und eigenen Bestrebungen. Diese Kluft führt dazu, dass wir in der Regel nur einen Teil unserer Persönlichkeit entfalten. Solange wir uns nicht bewusst mit unserem eigenen Schatten auseinandersetzen, erkennen wir ihn nur bei anderen Menschen. Wir projizieren also unsere eigenen dunklen Seiten auf andere Menschen und lehnen sie dort ab, während wir scheinbar frei davon sind. Wir regen uns über eine Freundin auf, die immer zu spät kommt, und blenden aus, dass auch wir unzuverlässig sein können. Wir finden es nicht gut, dass Anna schlecht über Bea redet, und erklären Chris wortreich und alles andere als freundlich, warum Anna das Letzte ist. Wir beklagen uns darüber, dass jemand geizig ist, und hoffen in derselben Sekunde, zum Essen eingeladen zu werden, anstatt einladen zu müssen. Wir sagen »Oh, wie schrecklich« zu jemandem, dem etwas Schlimmes widerfahren ist, und machen ein trauriges Gesicht, während wir denken: Geschieht ihm recht. Und sagen später über diese Person: Die war mir noch nie wohlgesinnt.

Leichter als bei uns selbst können wir den Schatten bei anderen erkennen. Denn es ist peinlich, beschämend und oft auch schmerzlich, unseren eigenen Schatten wahrzunehmen. Mit so was will man nichts zu tun haben. Der Schatten ist aber da – und wir sehen ihn auch bei anderen und lehnen ihn bei anderen ab. So missbrauchen wir andere Menschen als Garderobenständer und hängen unsere Schatten über sie.

Doch nur wenn wir uns mit unserem Schatten auseinandersetzen und ihn in unsere Persönlichkeit integrieren, leben wir die Fülle unserer Möglichkeiten. Diesen Prozess der Ganzwerdung nennt C. G. Jung *Individuation.* Buddhistisch betrachtet ist es der erste Schritt der Lotosblumenknospe, aus dem Schlamm zu entwachsen.

Stellen wir uns den Schatten einmal bildlich vor, dann sehen wir, dass wir die Sonne nur genießen können, wenn wir aus dem Schatten heraustreten. Doch zu viel Sonne vertragen wir auch wieder nicht. An Orten wie Wüsten, wo es keinen Schatten gibt, lechzen wir geradezu nach ihm. Er bringt Erleichterung, kühlt das Gemüt, und im Schatten lässt sich leichter denken als in der Hitze. Im Schatten sind wir auch nicht so stark geblendet, die Haut ist geschützt, und wir können Strukturen besser erkunden, vor allem in der Tiefe.

Lebensqualität bedeutet Balance zwischen Licht und Schatten. In dieser Balance leben wir als Menschen, in der Dualität. Wir können die Sonne nicht festhalten, und auch den Schatten können wir nicht fangen. Doch wir können uns Licht und Schatten bewusst machen und so immer wieder aufs Neue sehen: Wo Licht ist, ist auch Schatten. Alles andere, vor allem das fast krankhafte Beharren auf der Sonnenseite, ist ein künstliches Modell. Egal wie angestrengt wir es aufrechterhalten, es nährt nicht, sondern schürt die Bedürftigkeit. Der Hunger nach Aufrichtigkeit, nach Liebe, nach Gesehenwerden und Verbindung wird immer größer, da helfen auch keine hundert Posts am Tag, die beweisen sollen, wie gut es uns geht. Manchmal kommen sie mir vor wie Hilferufe. Und wehe, sie werden nicht gelikt …

Jeder Mensch hat einen Schatten. Doch die Gesellschaft entwickelt sich zunehmend in die Richtung, dass alle im Licht stehen wollen. Alle wollen hell und rein sein, und das wird verbunden mit recht haben – also einem höchst subjektiven Begriff. Wer recht hat, ist richtig, ist rein, ist hell, und wer eine andere Meinung als ich vertritt, irrt automatisch. Jeder zählt sich zu den Guten, will ein guter Mensch sein, und glaubt, dass er dann auch glücklich sein muss, weil er ja gut ist. Doch in Wirklichkeit spielen alle miteinander Blinde Kuh um den Schatten herum. Wer nur Licht sehen will, ist beispielsweise höchst empört, wenn ein Mensch, in den er oder sie unsterblich verliebt war, nach einer Weile seine Schattenseiten zeigt, die dann womöglich als Charakterfehler bezeichnet werden: Wie konnte ich mich in dir so täuschen!

Nein, nicht sie hat sich in ihm getäuscht, sondern in sich selbst, sonst hätte sie bemerkt, dass sie ihn nur zur Hälfte oder noch weniger gesehen hat. Sie hätte ihn als Ganzes sehen können, wenn sie sich selbst als Ganzes sehen könnte. Je besser wir unsere Schattenseiten kennen, desto weniger Gefahr besteht, dass sie als innere Saboteure in den Untergrund abwandern.

Woran Sie merken, dass es Mitbewohner im Keller gibt

- Fühlen Sie sich manchmal hin- und hergerissen und wissen nicht, was Sie tun sollen? Fühlen Sie sich überfordert, weil Sie mehrere Dinge gleichzeitig erledigen müssen? Innere Konflikte sind ein Anzeichen dafür, dass verschiedene Teilpersönlichkeiten mit unterschiedlichen Bedürfnissen Ansprüche geltend machen.
- Denken Sie an jemanden, den Sie kürzlich kritisiert haben. Was genau haben Sie kritisiert? Ist es etwas, was Sie an sich selbst kritisieren, oder ist Ihr Verhalten das Gegenteil dessen, was Sie kritisieren?
- Denken Sie an einen Bereich Ihres Lebens, in dem etwas fehlt oder in dem Sie immer wieder auf das gleiche Problem stoßen. Könnte es sein, dass dieser Mangel oder dieses Problem von einer ihrer Teilpersönlichkeiten verursacht wird?
- Ertappen Sie sich manchmal dabei, wie Sie sich selbst sabotieren, indem Sie Dinge tun, die Sie

davon abhalten, das zu tun, was gut für Sie ist? Kommt es vor, dass Sie bestimmten Problemen oder Situationen in Ihrem Leben mit Suchtverhalten ausweichen, zum Beispiel mit übermäßigem Essen, Fernsehen oder sozialen Medien?

- Empfinden Sie häufig negative Gefühle wie Traurigkeit, Wut oder ähnliche Emotionen? Welche Ihrer Teilpersönlichkeiten könnten sich auf diese Weise ausdrücken?

Durch dick und dünn

Eine Freundin erzählt Ihnen freudestrahlend von einer bevorstehenden großen Veränderung in ihrem Leben. Oft haben Sie schon darüber gesprochen, denn Sie wünschen sich beide ein Häuschen auf dem Land. Während Sie von einem Hund träumen, wünscht sich die Freundin ein Pferd, und das ist nun zum Greifen nah für sie. Ihre Firma eröffnet eine Filiale in einer Kleinstadt, Ihre Freundin soll die Leitung übernehmen, und man will sie beim Umzug großzügig unterstützen. Die Ereignisse überschlagen sich, binnen Wochenfrist findet sie nicht nur ein Häuschen, sondern tatsächlich ihr Traumhaus. Es gibt einen Bach und Wiesen, und der benachbarte Bauernhof vermietet Pferdeboxen. Die Augen Ihrer Freundin strahlen, während sie Ihnen die Zukunft in bunten Farben ausmalt. Auch ein Bienenstock wäre denkbar, der Garten ist groß. Nur einmal quer über die Wiese, und schon wäre sie bei ihrem eigenen Pferd. Und die Filialleitung! Ein Viertel mehr Gehalt! Die gute Luft, die Natur. Es wird herrlich!

»Ja, aber …«, wenden Sie ein. »Ja, aber du magst doch deine Kollegen so gern.«

»Ich werde neue Kollegen kennenlernen«, strahlt die Freundin.

»Ja, aber ob die dich so ohne Weiteres akzeptieren?«

»Das wird schon.«

»Ja, aber wer kümmert sich dann um deine Mutter?«, fragen Sie.

»Ich bin doch nicht aus der Welt, ich kann sie besuchen.«

»Ja, aber dann hockst du irgendwo in der Provinz als kleine Filialleiterin«, sägen Sie nun auch noch an ihrem neuen Titel.

»Wenn es mir nicht gefällt, ziehe ich einfach wieder in die Stadt.«

Die Vorfreude und Energie der Freundin, die zuerst noch ungebrochen sprudelten, versiegen. Mit jedem *Ja, aber* bremsen Sie sie. Sie merken es selbst. Sie wollen es nicht. Irgendetwas in Ihnen freut sich ja für sie. Aber irgendetwas anderes, und das hat gerade die Macht, zeigt Bedenken. Bedenken, die Sie nicht als Neid oder Angst vor dem Verlassensein oder Konkurrenz einstufen würden. Sie glauben sich im Recht, Sie glauben sich im Licht, Sie nehmen nicht wahr, dass Sie im Schatten stehen, aus dem heraus Sie scharf schießen, was Sie zu verbergen versuchen, indem Sie mit sorgenvoller Stimme behaupten, was für Sie selbst gilt, die Sie zu Hause bleiben: »Ich habe halt Angst, dass du diesen Schritt bereust. Dass es die falsche Entscheidung ist.«

In Wirklichkeit haben Sie vor allem Angst, die Freundin zu verlieren. Sie ärgern sich darüber, dass sie Sie einfach so im Stich lässt. Und dass ihr »wieder mal« alles in den Schoß fällt. Plötzlich fragen Sie sich, ob das nicht schon immer so war. Hat sie nicht stets alles bekommen? Das war doch schon während des Studiums so. Jeden Prof hat sie um den Finger gewickelt. Noch während sie vor Ihnen steht, beginnen Sie, sie als Freundin zu entlassen, sich von ihr zu verabschieden, und damit Ihnen das leichter fällt, machen Sie sie klein und kleiner, und am Ende ist sie vielleicht nur noch eine Bekannte, die jetzt halt aufs Land zieht. Sie bemühen sich jedoch, sie das nicht merken zu lassen, sondern geben vor, alles sei in Ordnung.

Warum fällt es uns in solchen Momenten so schwer, die Wahrheit zu sagen? In diesem Fall, dass wir die Freundin vermissen werden. Doch das bringen wir nicht über die Lippen, weil wir uns durch die neue Situation verwundbar fühlen. Diese Empfindung verwechseln wir mit Schwäche. Haben wir nicht in unserer Kindheit gelernt, dass wir Schwäche besser verbergen? Besonders die Älteren unter uns kennen Redensarten wie: *Was dich nicht umbringt, macht dich stärker.* Und: *Ein Indianer kennt keinen Schmerz.*

Andererseits: Sollte es nicht gerade bei der Freundin gelingen, diese Schwäche zu zeigen, die ja indirekt eine Liebeserklärung wäre: Du wirst mir fehlen. Doch wir möchten nicht als abhängig gelten und dieses Gefühl auch nicht wahrnehmen. Es macht uns klein, und so pumpen wir uns lieber mit künstlicher Stärke und Unabhängigkeit auf, und schon gehört die Freundin nicht mehr zu unserem Leben. Diese Entwicklung, hier im Zeitraffer geschildert, kann eine Weile dauern, und sie ist sehr traurig, da wir die Freundin und ihre Zukunft damit ebenso abwerten wie unsere gemeinsame Vergangenheit.

Was als Glück begann, nimmt als Unglück seinen Lauf. Wie ein Automatismus schießen Sie ein Bedenken nach dem anderen ab. Sie können sich nicht stoppen und spüren, wie es in Ihnen immer kälter und kleiner und enger wird. Irgendwann merken Sie, dass die Freundin gar nicht mehr strahlt. Dass sie verunsichert und zweifelnd dasteht. Und jetzt tut Ihnen alles leid, zum Herzzerspringen leid tut es Ihnen, und Sie wollen sie aufmuntern.

Sie sagt: »Vielleicht ist das doch alles keine gute Idee.«

Aber Sie wollen jetzt nicht mehr, dass sie auf Sie hört. Sie wollen unbedingt, dass sie aufs Land zieht. Da fragt sie: »Sag mal, willst du mich eigentlich loswerden? Es ist wegen Max, oder? Auf den hast du ein Auge geworfen, und wenn ich auf dem Land wohne, bin ich aus dem Rennen.«

Entgeistert starren Sie sie an. Wie kann sie so etwas auch nur denken! Sie ist Ihre Freundin! Niemals im Leben würden Sie sich an den Mann ranmachen, in den sie ein bisschen verliebt ist, selbst wenn Sie ihn ebenfalls super finden. Was hält sie von Ihnen? Kennt sie Sie überhaupt? Oder haben Sie nicht vielmehr eine eher oberflächliche Beziehung?

Und so weiter und so weiter und so weiter. Unten im Keller reiben sich die Saboteure die Hände.

Vielleicht aber merkt eine von Ihnen beiden, dass das Gespräch in eine völlig falsche Richtung läuft. Vielleicht hat eine den Mut, sich wirklich zu zeigen. Und sich zu entschuldigen: »Ich weiß nicht, was da in mich gefahren ist.« Den Mut, der Wahrheit auf die Spur zu kommen und sie auszusprechen: »Ich habe Blödsinn geredet, weil du mir fehlen wirst. Das macht mir Angst.«

Wenn die Freundin klug ist, lässt sie Ihnen Zeit. Wenn sie mit diesen komischen Gefühlen, die durch Ihre Begegnung gesät wurden, nicht umgehen kann, wird sie Ihnen nichts mehr erzählen von dem Zimmer unterm Dach, das sie Ihnen anbieten wollte, als Ferienort: »Du kannst jedes Wochenende kommen.« Von der Idee, dass Sie nachziehen könnten: »Dort gibt es einige leer stehende Häuser.«

Eine traurige Geschichte – die ganz anders klingen würde, wenn wir unsere Schattenseiten akzeptieren könnten. Dann öffnen sich nämlich unsere Herzen, Wärme durchströmt uns. Es ist sehr anstrengend, immer den Gutmenschen spielen zu wollen und jeden unschönen Impuls in Geschenkpapier zu wickeln. Auch wenn es gelingen mag, andere zu täuschen, im Inneren bleibt ein Widerhaken, bei beiden. Das empfindliche Vertrauen zueinander wird verletzt. Man traut sich nicht mehr so richtig über den Weg. Doch was sind solche Begegnungen eigentlich wert? Gewiss, im Job muss man diese Spiele manchmal aufführen, wobei ich daran auch nicht mehr wirklich glaube. Doch ich kann meinen Klienten ja nicht sagen, dass sie die Firma wechseln sollten, obwohl das häufig ein guter Rat wäre. Was das Privatleben betrifft, haben wir mehr Handlungsspielraum. Dort können wir jene Menschen um uns scharen, mit denen wir uns vorbehaltlos wohlfühlen. Und sie sich mit uns – weil sie sich bei uns sicher fühlen, weil sie sich auf uns verlassen, weil sie uns keine niederen Motive unterstellen. Aus diesem Grund sind uns Menschen am sympathischsten, die ihre wahren Gefühle zeigen, auch wenn sie verschattet sind. Sätze wie »Ein Teil in mir freut sich für dich, ein anderer hat Angst vor der Zukunft und fühlt den Schmerz, verlassen zu werden« wirken hier Wunder. Die entstandene Kälte löst sich auf, es wird warm und weich, ein Gefühl von Verstehen und Vertrauen breitet sich aus.

Davor müssen wir uns jedoch über unsere Teilpersönlichkeiten und ihre Motive bewusst werden und sie annehmen lernen, ohne sie zu bewerten. Denn häufig folgt der Bewertung eine Abwertung, und dann verurteilen wir eine Teilpersönlichkeit und damit auch gleich uns selbst. Mitgehangen, mitgefangen!

Ist es nicht ein großes Glück, eine Freundin zu haben, der man seine Schattenseiten offenbart: »Ich bin jetzt fast ein wenig neidisch auf dich.« Und wie leicht fällt es dann zu ergänzen, eben weil wir eine Wahrheit ausgesprochen haben: »Und ich gönne es dir von Herzen.« Oder: »Ich bewundere dich für deinen Mut.« Wir können etwas Großartiges lernen: uns mitzufreuen, ohne uns mit unseren eigenen Bedürfnissen einzumischen. Es geht um dich und dein Leben, ich freue mich für dich.

So geben wir inneren Saboteuren keine Chance, denn mal ehrlich: Das Leben ohne diese Freundin wäre nicht mehr so schön wie mit ihr. Zudem haben wir die Chance, sehr viel zu lernen, die Freundin ist eine Vorreiterin in unsere eigenen Visionen. Gleichzeitig kann sich die Freundschaft vertiefen, da sie in dieser Zeit des Wandels sehr froh sein wird, eine gute Freundin an ihrer Seite zu wissen, die sie wohlgesinnt durch dick und dünn begleitet. Denn eine Veränderung wird es für beide geben. Beide haben Angst vor der ungewissen Zukunft. Beide stellen sich die gleichen Fragen. Wird die Freundschaft halten? Oder wird man merken, dass sie zu Ende geht?

Man kann sich auch im Guten voneinander verabschieden. Oder gemeinsam eine Krise meistern und danach noch stärker verbunden sein. Das geteilte Bewusstsein, dass sich die Freundschaft verändern wird, ist der erste Baustein für eine gemeinsame Zukunft. In diesen besonderen Augenblicken, in denen wir uns mit unseren Schattenseiten zeigen, kann eine tiefe Nähe und Verbindung entstehen. Es sind heilende Momente. In Verbindung mit der unendlichen Liebe und Weisheit des Göttlichen fassen wir den Mut, das Ganze zu sehen. Licht und Schatten, ohne zu bewerten. Und dann entspannt sich alles. Wir erleben wirkliche Liebe und wirkliche Freude, und das wahre Glück hält Einzug.

MEIN WEG ZU BUDDHA

In meiner Familie hieß Buddha Gott und sein Sohn Jesus. Wenn ich nach meiner Religion gefragt wurde, ging es darum, ob ich evangelisch oder katholisch wäre.

Meine evangelischen Wurzeln sind bis heute lebendig in mir. Wenn ich Sorgen habe und zur Leber-Entgiftungszeit morgens um drei aufwache und dunkle Wolken über mir schweben, dann fängt das kleine ängstliche Mädchen in mir automatisch an zu beten: *Lieber Gott, bitte hilf mir.* Im Morgenlicht dann rezitiere ich vielleicht buddhistische Mantras, und dadurch bin ich wieder verbunden mit meiner inneren göttlichen Kraft.

Auf meinem spirituellen Weg habe ich unterschiedliche Phasen durchlebt und mich auf vielen Reisen mit einigen spirituellen Schulen intensiv beschäftigt. Auch in einigen Ashrams habe ich gelebt. Es wurde seinerzeit viel angeboten und immer mehr, und alle hatten scheinbar den besten Weg zur Erleuchtung entdeckt. Nachdem ich mich eine Weile im esoterischen Supermarkt umgesehen hatte, spürte ich, dass ich hier nicht fündig würde. Ich wollte nicht heute dies und morgen jenes ausprobieren, zumal mir vieles auch oberflächlich erschien. Ich suchte nach einem geistigen Fundament für meine spirituelle Entwicklung, das meine psychologischen Studien ergänzte, und fand sie schließlich in der buddhistischen Philosophie. Alles ist bereits in uns angelegt. Es geht darum, den inneren Erleuchtungsgeist des Buddhas downzuloaden in unseren Körper.

Buddha ist kein solcher »lieber Gott«, wie ich ihn aus meiner Kindheit kenne, in der es neben dem lieben auch den strafenden Gott gab. Der Buddhismus setzt sich auch weniger mit der Frage auseinander, wer die Welt erschaffen und wie lange das gedauert habe, sondern sucht Antworten auf existenzielle Fragen des Daseins. Buddha ist ein weiser Lehrer, und als Schüler und Schülerinnen können wir ihm folgen, um unser Leben leichter, freier, verbundener und glücklicher zu gestalten. Ich bin immer wieder begeistert von der buddhistischen Weisheitslehre, die auf jahrtausendelanger Tradition beruht, und der Art, wie sie den Geist schult. Zudem finde ich sie attraktiver als die westliche Vorstellung, nach der wir schon als Sünder zur Welt kommen. Es ist mir enorm sympathisch, dass sich der Buddhismus nicht mit Sünde beschäftigt, sondern mit Bewusstsein und dem Ursache-Wirkungs-Prinzip. Je klarer das Selbst ist, desto unwichtiger wird das Ich.

Meditation als Tor zum göttlichen Bewusstsein

Indem wir dem Weg Buddhas folgen, gehorchen wir nicht irgendeiner Institution, sondern sammeln Erfahrungen, und sie verändern sich durch die buddhistische Praxis, hier sei an erster Stelle die Meditation genannt. Heute wird vielerorts Meditation angeboten, sogar auf Netflix. Sie hat Einzug gehalten in unsere Alltagssprache: Ich meditiere beim Putzen.

Meditation ist ein Fundament des Buddhismus. Seit einiger Zeit wird sie auch außerhalb von Yogastudios in unseren Breiten immer beliebter, weil die Menschen Antworten suchen, die sie in unserer Kultur nicht finden. Es gibt viele verschiedene Arten von

Meditation, man muss nicht stundenlang still sitzen, man kann sie geführt, im Gehen, in der Natur praktizieren.

Alle Hemisphären

Verlasst das Bekannte für ein Weilchen.
Erlaubt euren Sinnen, sich auszudehnen,
Euren Körpern, sich auszudrücken,
Wie eine sehnlich erwartete Jahreszeit
Sich über Wiesen und Ufer und Hügel ausbreitet.
Öffne dich nach oben,
Entdecke immer höhere Dimensionen deiner Begeisterung
Und deiner Liebe.
Alle Hemisphären des Daseins
Liegen am Äquator
Deines Herzens.

Daniel Ladinsky: *Ich hörte Gott lachen*, Gedichte inspiriert von Hafiz

In der Meditation bringen wir unseren Geist zum Leuchten und befreien Geist und Körper von inneren Saboteuren, die uns einflüstern wollen, dass wir nicht gut genug, nicht schön und schlank genug, nicht liebenswert, Versager und Nichtskönner wären. Durch die Meditation lernen wir, diese Stimmen leiser werden zu lassen und vielleicht sogar zum Schweigen zu bringen. Wir erfahren tiefes leuchtendes Glück und befreien uns von der Enge unserer Persönlichkeit. Wir steigen aus dem Ich aus und lassen den Kampf der inneren Saboteure hinter uns, mit allen dazugehörigen kleinmachenden Gefühlen wie Angst, Unzulänglichkeit und Zweifel.

Wir sind nicht mehr gequält von inneren Antreibern, die uns ständig peitschen: *Du bist nicht gut genug, du musst mehr leisten!* Wir steigen auf in eine andere Dimension, in der nicht zählt, was wir tun, welche Handtasche wir spazieren tragen und was andere von uns denken. Wir müssen nicht toll und großartig sein. Wir müssen gar nichts, sondern dürfen sein, wer wir sind: göttliche Wesen. So verlassen wir in der Meditation alles Leid, sind leicht und frei auf der Bewusstseinsebene des Göttlichen im Quantenfeld. Wir lösen uns von Raum und Zeit in das Bewusstsein von nichts. Nirgendwo als niemand in der Quantenwelt von Licht, Informationen, Energie und Bewusstsein. Wir Buddhisten nennen es die Leere. In dieser Leere ist nur Energie – keine Konzepte und keine Strukturen. Hier ist alles ewig und unendlich, formlos im ewigen Jetzt. Das Bewusstsein erlebt all-eins mit allem und nichts zu sein. Das Göttliche in uns verschmilzt mit dem göttlichen Universum, mit dem allumfassenden Feld, das reine Energie ist: Unser Bewusstsein als Seele kehrt heim in das göttliche Feld, auf die Ebene der wahren Liebe.

Dieses innere Strömen sieht man auch von außen: Vor vielen Jahren meditierte ich eines Morgens zu Hause, als es an der Tür klingelte. Eine Weile schon war ich versunken gewesen, länger als ich beabsichtigt hatte. Ein Blick auf die Uhr zeigte mir, dass es bereits neun war, ein Mitarbeiter vom Elektrizitätswerk hatte sich angekündigt. Ich öffnete ihm, er füllte ein Formular aus, hielt inne, schmunzelte, schaute mich mit schräg geneigtem Kopf an und sagte: »Was luegsch so verliäbt? Hets di verwütscht?«

Wir mussten beide lachen. Später begriff ich, dass ich mit meinem inneren Leuchten aus dieser intensiven Meditation wie verliebt gewirkt hatte. Das trifft es gut, denn ist frisch verliebt nicht eines der großartigsten Gefühle, die wir kennen? Dieses weiche, warme, wohlige Fließen im Körper. Und es ist nur der Beginn, denn in der Meditation erleben wir alles in unglaublicher, nie gekannter Intensität – und das merkte der energetische Fachmann, der den Strom maß!

Die Veränderung durch die Meditation ist nicht nur sichtbar in unseren strahlenden Augen. Sie ist auch hörbar: Unsere Stimme klingt voller, wärmer, fließender. Die schwere Last des Alltags fällt von den Schultern, Verspannungen lösen sich, Druck lässt nach. Alles ist warm und weit, wenn auch nicht am ersten Tag der Praxis, doch nach und nach gelangen wir in diese wunderbare Welt. Darin liegt für viele Menschen ein ganz besonderer Zauber, denn dieser innere Raum der Stille fehlt uns, danach sehnen wir uns in dieser hektischen Zeit der Leistungsgesellschaft, in der wir ständig funktionieren sollen und fast schon verlernt haben, einfach zu sein.

Elvira ist einer dieser Menschen, die erfolgreich, zielorientiert, klar in der Führung, innerlich geordnet, für ihr Team und ihre Familie ein Fels in der Brandung sind. »Ich schaffe alles, ich kann alles«, war ihr tägliches Motto. Beeindruckend für jeden, der mit ihr in Kontakt kam. Fast ein bisschen beängstigend. »To good to be true …«, hätte meine englische Mutter gesagt. Deshalb war Elvira auch zutiefst erschüttert, dass sie immer wieder von einem steifen Nacken und heftigen Rückenschmerzen gequält wurde. Ärztliche Untersuchungen ergaben keinen Befund. Also: Was lastete auf ihren Schultern? Entrüstet darüber, fast schon empört, beklagte sie sich bei mir über ihr Leid: »Ich mach doch alles richtig und habe alles unter Kontrolle. Wie kann das sein? Ich bin hoch motiviert und freue mich täglich aufzustehen, und trotzdem plagen mich diese Rückenschmerzen.«

Mitfühlend spiegelte ich ihre Empörung: »Nein, wie kann das sein?«

Ganz plötzlich brachen wir beide in schallendes Gelächter aus. »Ja, ja, ich weiß, ich bin keine Maschine. Ich bin auch nur ein Mensch!« In ihren Augen glitzerten Tränen. Ich schaute genau hin – das waren keine Freudentränen. Unter dem Gelächter tauchte eine verletzliche, zarte Teilpersönlichkeit auf, zaghaft und beschämt und doch so sehnsüchtig, gesehen zu werden. Es wurde ein intensiver Prozess der Heilung für Elvira. Im Gespräch und in der Meditation lernte sie, sich mit diesem verletzlichen zarten Kellermädchen anzufreunden und es in ihr Herz zu nehmen. »You can heal what you feel«, schreibt John Gray in seinen Mars-und-Venus-Büchern. Wir können nur das heilen, womit wir in Verbindung sind und was wir wirklich fühlen.

Deshalb ist Meditation das Gegenmittel zu unserem manchmal so anstrengenden Leben, in dem viele von uns scheinbar nur dann eine Daseinsberechtigung haben, wenn sie etwas leisten. Oft finden meine Klienten das erst im Coaching heraus. Etwas leisten gilt als hoher, guter Wert, was sollte daran schlecht sein? Im Prinzip nichts, doch wenn wir darüber das Sein verlernen, entfernen wir uns von uns selbst und sind nicht mehr in Kontakt mit dem Leuchten des Buddhas in uns.

Die Erwartung, stets mindestens einhundert Prozent zu leisten, betrifft oft nicht nur uns selbst. Wir möchten, dass unsere Kinder on top sind, wozu wir Leistung von ihnen erwarten, wir möchten … oder müssen … beruflich erfolgreich sein, in Urlaub fahren, brauchen viele Dinge, müssen immer bestens informiert sein, tolle Freunde haben und so weiter, jeder von uns hat seine eigenen Listen.

An dieser Stelle möchte ich Ihr Augenmerk auf das Wort »müssen« richten. Seien Sie achtsam, wann immer Sie es verwenden. Im Müssen steckt viel Druck, und einige Menschen verschleiern das, weil Müssen nicht en vogue klingt. Sie sagen *möchten* und meinen *müssen*, weil sie glauben, dass sie mögen sollen (müssen), was sie müssen. Was für eine perfide Falle! Gewiss tut man sich leichter, wenn man mag, was man muss, doch noch schöner ist es, wenn man mag, was man kann!

Damit die anderen sehen, dass wir die Kriterien erfüllen, die uns als Leistungsträger auszeichnen, brauchen wir Statussymbole. Das richtige Auto, die richtigen Klamotten und vieles mehr. Doch selbst wenn wir alles haben – der Zweifler schweigt nie. Ist es richtig? Ist es wirklich genug? Dahinter steht die Sorge: Bin ich wertvoll? Dahinter steht die Angst: Bin ich liebenswert?

Diese ständige Jagd erschöpft uns. Heute fühlen sich oft schon Zwanzigjährige dem Burn-out nahe. In der Meditation befreien wir uns von diesen Äußerlichkeiten und Zwängen. Wir funktionieren nicht, wir erholen uns im Sein. Je öfter wir uns diese Auszeit gönnen, desto entspannter können wir uns niederlassen. Wir lernen Schritt für Schritt, unsere Gehirnwellen herunterzufahren. Heute gibt es dazu wunderbare Hilfsmittel: die Herzfrequenzmusik. Sie leitet unsere Gehirnwellen von Beta auf Alpha, Delta und Gamma, und in diesem Wellenbad entspannen sich auch die Teilpersönlichkeiten und verstummen schließlich.

Die Wirkung von Meditation ist wissenschaftlich erwiesen: Acht vom Dalai Lama persönlich ausgewählte Mönche wurden von Seiner Heiligkeit als Probanden an die University of Wisconsin gesandt. Sie sollten dem Neuropsychologen Richard Davidson dabei helfen herauszufinden, was genau im Gehirn bei der Meditation geschieht. Die Befunde zeigen, dass Meditation und mentale Disziplin zu grundlegenden Veränderungen im Gehirn führen. Optimistische Menschen haben einen aktiveren linken Frontalcortex als unglückliche. Offenbar hält dieses Hirnareal schlechte Gefühle im Zaum und sorgt für die heitere Ausgeglichenheit und Gemütsruhe, die so viele Buddhisten auszeichnet.

»Glück ist eine Fertigkeit, die sich erlernen lässt wie eine Sportart oder das Spielen eines Musikinstruments«, lautete Davidsons Schlussfolgerung, nachdem er die Mönche in einem weiteren Versuch unter die enzephalografische Lupe genommen hatte: Während 256 über den gesamten Schädel verteilte Sensoren ihre Hirnströme maßen, praktizierten sie die Meditation des vorbehaltlosen Mitgefühls. Zum Vergleich diente eine Gruppe Meditationsnovizen – und es zeigten sich beeindruckende Unterschiede. Während im Gehirn der Mönche die sogenannte Gamma-Aktivität stark anstieg, erhöhte sie sich bei den ungeübten Probanden kaum.

Doch so entspannt ein buddhistischer Mönch bei der Meditation auch wirken mag – sein Gehirn ist extrem wach, wacher, als wir es im Alltag jemals erreichen.[1]

Rezitationen sind eine weitere Möglichkeit, die Dimension zu wechseln; dazu später mehr.

Meditieren mit Muße

Früher war Meditation in unseren Breiten eher exotisch. Ich erinnere mich, dass meine Mutter in den 1960er-Jahren ein Buch über Meditation las und wie die Erwachsenen die Abbildungen der »verrenkten« Yoginis staunend betrachteten. Bevor sich die Beatles Ende der 1960er-Jahre von dem indischen Guru Maharishi inspirieren ließen, wusste man im Westen relativ wenig über die spirituellen Traditionen Asiens. Maharishi wurde in der Folge zu einer Ikone im Hippie-Mystizismus. Seine Lehren gewannen auch medizinische Anerkennung für die Wiederbelebung einer

1 Quelle: https://sz.de/1.912829

alten indischen Yogatechnik unter dem Namen Transzendentale Meditation, abgekürzt TM.

Heute gehört Meditation, gleich welcher Richtung, zum Mainstream. Viele Menschen nehmen sich immer mal wieder vor zu meditieren und scheitern dann, weil sie zu hohe Erwartungen haben – oder noch nicht die richtige Art und Weise gefunden haben. Vielleicht finden Sie einen Zugang mit den Meditationen, die ich Ihnen mit diesem Buch anbiete. In insgesamt vier Meditationen machen wir uns auf den Weg, wie auch Tina Turner es in ihrer spirituellen Autobiografie *Happiness* beschreibt:

»Geh auf die Reise, die Reise in dich hinein. Um ruhig zu werden, über alles hinauszugehen und zu hören, was dort ist. Um geduldig zu werden und zu empfangen, was dort ist. Um offen zu werden und willkommen zu heißen, was dort ist. Sei dankbar. (…)

Was hat Liebe damit zu tun?

Liebe wächst, wenn du Vertrauen hast. Wenn du Vertrauen hast, heilt und erneuert Liebe.«

Scanne den QR-Code oder nutze den Link,[2] um zu unserer Website zu gelangen und die Meditationen herunterzuladen.

Hier findest du die erste Meditation und beginnst die Reise nach innen. Du begegnest der dir innewohnenden Buddha-Natur, du erlebst die wärmende Liebe und das Leuchten des Buddhas in dir.

Jede Meditationserfahrung ist anders. Auch wenn wir schon lange praktizieren, machen wir Erfahrungen unterschiedlicher Tiefe.

2 www.schwarzschwarz.com/glueckesbuddha-meditationen/

Einsteiger in das Meditieren haben oft überhöhte Erwartungen und glauben, in der ersten »Sitzung« bereits eine glückselige Stille erreichen zu können (oder zu müssen). Aber Meditation ist ein Prozess, ein Sichannähern, Schritt für Schritt. Obwohl wir durch die Meditation in einen »himmlischen« Zustand kommen, gibt es in uns viel Widerstand dagegen. Wir sind daran gewöhnt, alles zu kontrollieren. In der Meditation begeben wir uns in einen Bereich, der frei von Kontrolle ist. Wir blicken hinter unsere Persönlichkeit, lassen die Kontrolle los – und das macht uns Angst. So halten wir immer stärker fest in dem gleichzeitigen Wunsch loszulassen – mit der darunterliegenden Angst, uns zu verlieren, weil wir noch nicht die Erfahrung gemacht haben, dass wir in der Auflösung ganz werden, dass wir uns in einem viel höheren Maß »gewinnen« können, als es zuvor vorstellbar war.

Diesen Widerstand spüren wir im Körper, der dem ängstlichen Geist folgt. Bleib hier, flüstert er. Bleib in dieser Welt. Das andere ist doch Quatsch, das gibt es doch gar nicht, das bildest du dir ein. Samsara! Die Einflüsterer kommen aus der Welt der äußeren Erscheinungen und wollen uns glauben machen, dass sie die Realität wären.

Doch wir sind keine Menschen, die eine spirituelle Erfahrung in der Meditation machen wollen, wir sind spirituelle Wesen, die sich entschieden haben, die Erfahrung Mensch zu machen. Und dann leuchtet diese Erkenntnis plötzlich auf, für einen kurzen Moment nur. Ein Lichtblick im wahrsten Sinne. Wir fallen aus Zeit und Raum und erfahren uns im göttlichen Quantenfeld und sind einen Wimpernschlag später wieder in unserer kontrollierenden Persönlichkeit. Was war das denn?, fragen wir uns vielleicht und denken uns dadurch zurück in die Kontrolle, die nach Worten für das Erlebte sucht, aber keine findet, da es nicht beschreibbar ist mit den Erfahrungen und dem Wortschatz unserer alltäglichen Existenz.

Doch vielleicht hat dieser kurze Moment schon genügt, unsere Seele zum Schwingen zu bringen, und wir spüren tief in uns, dass dies der richtige Weg ist, durch ein inneres Aufatmen, durch ein Weichwerden. Ja. Oder andere Menschen erzählen uns davon, und auch, dass es eben eine Weile dauern kann, bis wir eine Ahnung von der leuchtenden Kraft der Meditation bekommen.

Der innere Widerstand kann sehr heftig sein. Ich erinnere mich an eine Teilnehmerin, ich nenne sie Anita. Am ersten Tag in der »Leadership-Ausbildung« postulierte sie klar und sehr resolut: »Also, Meditation ist gar nichts für mich.«

»Alles gut«, erwiderte ich. »Du kannst währenddessen jederzeit die Augen öffnen und den Anblick des wunderschönen Bodensees genießen. Du brauchst dich zu nichts zu zwingen.«

Im Buddhismus spricht man von einem stetigen freundlichen und sanften Annähern an die Meditationserfahrung. Tatsächlich hat diese innere Erlaubnis, sich step by step anzunähern, eine wohltuende Wirkung bei Anita gehabt. Heute liebt sie es zu meditieren und lacht herzlich über ihr vergangenes Selbst, das sich so gesträubt hat.

Die Meditation beschenkt uns mit der wichtigen Erfahrung, dass wir unsere Persönlichkeit besänftigen und dass die inneren Stimmen leiser werden oder sogar verstummen können und die inneren Gedanken weit wegrücken. Auf einmal merken wir: Wir sind nicht unsere Gedanken! Es ist die Identifikation mit den Gedanken, die so viel Leid über uns bringt. Zum Beispiel meditieren wir, und plötzlich blitzt der Gedanke auf: »Ich muss unbedingt noch den Kunden Meier anrufen.« Identifizieren bedeutet in dem Moment, dass wir total gefangen werden von dem Gedanken. Alles kreist um den Meier. Das Gefühl von Müssen wird so stark im Körper, dass wir am liebsten aufstehen und zum Telefon eilen würden. Wir haben uns mit dem Gedanken identifiziert.

Und meistens bleibt es nicht bei einem, sondern wir werden von einer ganzen Salve von Gedanken beschossen. Wir denken, was wir wollen und nicht haben, wir denken die Zukunft schwarz und blicken in die schwarze Vergangenheit, wir freuen uns in Gedanken auf etwas – und wenn es nicht eintritt, sind wir enttäuscht. Wir nehmen in unseren Gedanken ständig vorweg oder hängen nach. Wir leben nicht in dem, was jetzt ist, sondern in den Illusionen unserer Gedanken, und die halten sich meistens woanders auf als wir mit unserem Körper. In der Meditation bringen wir alles zusammen, und durch die Konzentration auf den Atem, wie ich es in der ersten Meditation angeleitet habe, öffnen wir das Tor in das Quantenfeld. Wir atmen ein, wir atmen aus. Durch die Konzentration auf den Körper können wir aus dem Körper aufsteigen. Wir sind nicht unsere Gedanken! Wir sind mehr als unsere Gedanken, wir sind wie ein ganzer Himmel, und die Gedanken ziehen wie Wolken über den Himmel, mal schnell, mal langsam, mal groß, mal klein, und wir konzentrieren uns auf das Blau des Himmels. Falls Gedanken kommen, nehmen wir wahr, dass sie da sind, wir beschäftigen uns jedoch nicht mit ihnen. Gedanken kommen und gehen. Wir müssen nichts. Wir müssen nichts leisten. Wir müssen nichts erreichen. Wir atmen ein, und wir atmen aus.

Dieses »einfach nur Dasein« ist für unseren sprunghaften Geist so schrecklich, dass er ständig versucht auszubüxen. Irgendwo juckt es, wir kratzen uns, wir ruckeln an unserer Sitzposition herum, finden scheinbar keine, die wirklich passt, und sind beschäftigt mit Dutzenden von Gedanken. *Was mache ich später, wer hat was gesagt, was muss ich noch einkaufen, wie viel Zeit ist schon vergangen, soll ich mir das blaue Kleid kaufen, morgen rufe ich meine Mutter an, allmählich kriege ich Rückenschmerzen, was hat der eigentlich damit gemeint, als er dies und jenes sagte, was ist da draußen los, wieso hupt es wie verrückt, einen Zahnarzttermin sollte ich auch mal wieder ausmachen, letz-*

tes Mal hat der Zahnarzt gar nicht gut ausgesehen, ob er wohl Probleme hat?

So haben wir Probleme, die Gedanken abzustellen, und je dringender wir das wollen, umso mehr dringen sie in unser Bewusstsein. Pema Chödrön, eine großartige buddhistische Lehrerin, hat dieses »Spiel« einmal so anschaulich erklärt, dass ich seither viel besser damit umgehen kann: Die Gedanken sind die Wolken am Himmel. Unsere innewohnende Buddha-Natur ist der Himmel. Gedanken kommen und gehen wie die Wolken am Himmel. Mal sind es kleine Wolken, mal nur Wölklein, manchmal große, geballte oder auch dunkle Wolken. Und dann gibt es diese kurzen Momente – wolkenfrei! Metaphorisch gesprochen könnten wir sagen: Atmen Sie ein, atmen Sie aus und schauen Sie auf das Blau zwischen den Wolken. Lassen Sie die Wolken ziehen. Auf einmal beginnt es in Ihnen zu strömen, warm und weich wird es in Ihrem Herzen, und die Liebe fließt und fließt und fließt, und Sie spüren, dass Sie ganz allmählich ankommen. Bei sich selbst, hinter sich selbst, tief in sich selbst, verbunden mit dem leuchtenden Buddha in Ihnen, getragen von der allumfassenden göttlichen Liebe. Sie atmen diese Liebe ein, tief, tief atmen Sie diese göttliche Liebe ein, und es wird noch wärmer und weicher und heller in Ihnen. Mit diesem wunderbaren Gefühl der Leichtigkeit und Verbundenheit beenden Sie Ihre Meditation und freuen sich heute schon auf die Fortsetzung morgen.

Durch die Meditation sind wir unseren Launen und kleineren Befindlichkeitsstörungen nicht mehr so schutzlos ausgeliefert. Es wirft uns nichts so leicht aus der Bahn.

Das Geistestraining folgt denselben Gesetzen wie das Körpertraining. Auch hier brauchen wir Disziplin. Auch hier gibt es Verhinderer, sie werden meist innerer Schweinehund genannt, und so wie der innere Schweinehund unsere körperliche Fitness sabotiert, so sabotieren unsere in der Zeit eingefrorenen Kellerkinder unsere mentale Fitness. Das Spiel ist das gleiche. Wenn man einige Wochen lang eine neue Alltagsroutine etabliert hat – joggen vor dem Frühstück oder was auch immer es sein mag –, verlangt der Körper schließlich danach. Er hat sich daran gewöhnt, und wenn man es unterlässt, zucken die Beine. Unterlässt man es zu lange, gewöhnt der Körper sich wieder an die Bequemlichkeit. Gewohnheit ist ein extrem lähmendes Gift, weshalb wir unsere Gewohnheiten immer wieder einmal kritisch unter die Lupe nehmen sollten. Doch oft tun wir genau das nicht, so als gäbe es tatsächlich ein Gesetz der Gewohnheit, dessen Missachtung mit hoher Strafe geahndet würde.

Wenn wir uns an die Meditation gewöhnen, idealerweise morgens, verlangt etwas in uns danach, weil es die Erfahrung gemacht hat, dass der Tag besser verläuft, wenn wir meditiert haben, so wie wir uns wohler in unserem Körper fühlen, nachdem wir aktiv waren. Wir haben dann eine andere Körperspannung. Durch die Meditation lässt das umherspringende Chaos, die Spannung im Geist nach. Er fokussiert sich, wird weit und hell und leuchtend … und wir starten entspannt in den Tag.

Natürlich können Sie auch abends meditieren oder mehrmals am Tag. Vielleicht geht es Ihnen am Ende so wie mir: Meditation ist die schönste Zeit des Tages, und ich kann gar nicht genug davon bekommen! Meiner Erfahrung nach ist der Morgen die beste Zeit, denn dann ist das morphogenetische Feld, das lokale Gedankenfeld noch ruhig. Viele Menschen schlafen noch oder sind noch ein wenig in ihren Träumen verfangen, kommen erst allmählich in die Gänge. Der Takt ist langsamer, die Hektik noch nicht ausgebrochen, all das Müssen und Tun, woran wir ständig denken und das Feld damit aufladen. Ich liebe den Morgen, weil noch alles ganz ruhig ist, im Winter sogar noch dunkel. In welch bezaubernder

Ruhe die Welt schwingt! Vor allem den Sonntagmorgen schätze ich, denn am Sonntag dauert diese Ruhe länger. Ich glaube, man könnte, ohne Kalender lebend, nicht wissen, welcher Wochentag ist, den Sonntag würden sensible Menschen jedoch »herausspüren«. Er liegt förmlich in der Luft.

Der zweite Grund, warum der Morgen für die Meditation so förderlich ist, findet sich in uns selbst. Morgens ist unser Bewusstsein noch nicht so nach außen gerichtet. Wir sind noch nicht im Hamsterrad, sind noch nicht durch die Turbulenzen des Tages geschleudert. Gerade morgens verharren wir gern eine Weile bei uns und bereiten, ich komme zum dritten Grund, den Tag vor. Diese Vorbereitung wirkt mit einer Meditation ganz anders als ohne.

An einem Wendepunkt meines Lebens praktizierte ich jedoch abends, was ich heute nur noch selten schaffe, denn abends bin ich oft so aufgeladen vom Tag, dass es mir schwerer fällt, mich »herunterzufahren«. Meditation ist jedoch nicht nur ein Vorbereiten, sie kann uns auch in die richtige Verfassung für schwerwiegende Entscheidungen bringen.

Ein innerer Lotse ins Licht

Ich habe Mitte zwanzig angefangen zu meditieren, weil ich so unglücklich mit mir war. Im Nachhinein weiß ich, dass ich damals im Clinch mit mehreren zähen Saboteuren lag. Der schlimmste war unbeirrt der Meinung, dass nur ein Mensch, der etwas leistet, eine Existenzberechtigung hätte. Da ich damals das Konzept von den Teilpersönlichkeiten noch nicht verinnerlicht hatte, glaubte ich zu versagen, wenn ich die hohen Leistungsansprüche dieses inneren Saboteurs nicht erfüllte. Ich hatte fürchterliche Angst zu scheitern, was aber niemand merken sollte. Diese inneren Kämpfe erschöpften mich. Eigentlich war ich nur noch ein Schatten meiner selbst.

Irgendjemand gab mir den Tipp, es doch einmal mit Meditation zu versuchen. Meine ersten Erfahrungen waren mäßig, das Konzept der sanften Annäherung kannte ich noch nicht. Einmal mehr verlangte ich von mir, sofort perfekt meditieren zu können. Doch immerhin wurde ich ein wenig ruhiger, und ich lernte die innere Quelle kennen, aus der ich schöpfen sollte, was immer ich wann immer brauchte.

»Deine innere Quelle ist immer da.« Besonders die liebevolle Stimme meiner damaligen großartigen Seminarleiterin und Mentorin Dr. Gundl Kutschera bestärkte mich in meinen Erfahrungen, sodass ich mich mehr und mehr in meiner inneren Quelle zu Hause fühlte. Ich hörte ihre Meditationskassetten so oft, bis das braune Band leierte und es Bandsalat gab. Vorsichtig und geduldig löste ich die Verwicklungen und drehte mit einem Kugelschreiber alles wieder in die Kassette. Gespannt drückte ich auf Play … es funktionierte. Was für ein Glück!

Und dann kam der Tag, der einen Wendepunkt in meinem Leben markiert, das zu diesem Zeitpunkt unter großer Anspannung stand. Manchmal fühlte ich mich, als würden zwei gleich starke Kräfte an mir zerren. Ich wusste, dass ich mich für eine Seite entscheiden musste, doch ich konnte es nicht. Kaum glaubte ich, eine einundfünfzigprozentige Mehrheit wahrzunehmen, war es eine neunundvierzigprozentige Minderheit, oder es gab wieder einmal Gleichstand. Inhaltlich ging es um nichts Geringeres als meine Zukunft. Ich war verheiratet und im Begriff, Karriere in einer Bank zu machen, was mein Vater sehr begrüßte und auch meinen eigenen bürgerlichen Erwartungen an mich selbst, beziehungsweise denen einiger meiner Teilpersönlichkeiten, entsprach. Oder sollte ich ins kalte Wasser springen und mich für ein völlig neues Leben entscheiden?

Vollkommen unsicher in einem anderen Land mit einem neuen Partner, den ich noch gar nicht so lange kannte? Obwohl ich ja fühlte, dass ich ihn schon sehr lange kannte beziehungsweise das, was hinter seiner Persönlichkeit stand.

Wenn man verliebt ist, glaubt man ja oft, man wäre sich schon einmal in einem vorherigen Leben begegnet oder würde sich schon seit Jahrhunderten kennen. Was wir dabei vergessen, ist, dass wir unsere Persönlichkeit in der Reinkarnation verlieren. Die Persönlichkeit ist wie ein Kleidungsstück. Mit unserem Tod ziehen wir es aus, und im nächsten Leben ziehen wir ein anderes an. Doch vielleicht ist das Erkennen, das Energiemuster, das innere Leuchten unserer Buddha-Natur, immer noch erkennbar.

Wie gesagt: Ich war seinerzeit verheiratet und Managerin in einer Bank, mit besten Karriereaussichten, wie man so schön sagt. Äußerlich passte alles. Innerlich wusste ich nicht mehr, ob dieses »Alles« wirklich das Richtige für mich war. Ob die Zukunft, die vor mir lag, wirklich so golden war, wie sie aus dem Blickwinkel meiner bürgerlichen Erziehung wirkte. In den letzten Jahren hatte ich mich in eine andere Richtung entwickelt und immer wieder gespürt, dass mehr in mir schlummerte als der vorgezeichnete Weg. Und ich hatte Stephan, meinen Partner, kennengelernt, mit dem ich heute die Leadership Akademie in Konstanz am Bodensee führe. Wir hatten uns verliebt, und ich war nun zerrissen zwischen der bürgerlichen, ordentlichen und geplanten Welt und dem Ruf meiner Seele ins Unbekannte, ins wilde Neue, um meine Vision zu leben. Seit Wochen brodelte dieser Konflikt in mir, immer heißer, immer stärker. Es gelang mir kaum mehr, ihn wegzuschieben. Aber wie, wie nur sollte ich mich entscheiden? Ich steckte fest zwischen widerstreitenden Gefühlen, und rückblickend würde ich sogar sagen, dass ein paar meiner Teilpersönlichkeiten sich gegenseitig bekriegten.

Dann kam dieser Freitag, eigentlich ein schwarzer Tag, für mich aber ein goldener. Ich verließ mein Office früher als gewöhnlich, da ich mittags einen Zahnarzttermin hatte, ein größerer Eingriff. Ein Milchzahn, der da nicht hingehörte – ich war ja schon groß –, steckte in meinem Kieferknochen. Vor der Operation schaute sich der Arzt das Röntgenbild noch einmal an. Nachdenklich musterte er es und fragte mich dann: »Sie haben ja eigentlich keine Beschwerden, oder?«

»Nein, ich merke nichts. Wenn Sie den Milchzahn nicht entdeckt hätten, wüsste ich gar nicht, dass er da ist.«

»Hm«, machte der Arzt und erklärte mir dann: »Wenn wir den Zahn jetzt herausoperieren, das wäre wirklich ein großer Eingriff. Und ich sehe nicht so recht, warum wir das tun sollen. Deshalb schlage ich Ihnen vor, dass wir die Operation abblasen, und Sie melden sich wieder, sollten Sie irgendwann Beschwerden haben.«

Eine halbe Stunde später war ich mit meinem Milchzahn im Kiefer zu Hause: zu einer Zeit, zu der ich normalerweise im Office war. Und jetzt? Werktags am frühen Nachmittag hatte ich zu Hause nichts zu suchen. Ich wusste nicht so recht, was ich tun sollte. Alle meine »normalen« Freizeitbeschäftigungen wären erst später dran gewesen.

Ich schüttelte ein wenig den Kopf über mich, aber es blieb komisch. Die Stille war so laut. Kein Business, kein Termin, nichts, das mich ablenkte in dieser geschenkten Zeit. Mir wurde in einer erschreckenden Deutlichkeit bewusst, dass es so nicht weitergehen konnte. Die Gedanken drehten sich im Kreis, das Karussell wurde unerträglich. Hilfe, was soll ich tun? Meditiere, war die innere Antwort. Ich legte meine Meditationskassette ein. Es wurde langsam ruhig, still in mir, und eine wunderbare Wärme begann durch meinen Körper zu fließen.

Nach der Meditation war mein Kopf hell und ruhig. Ich schaute in den Spiegel und war verblüfft, wie sehr meine Augen strahlten. Plötzlich, klar und deutlich tauchte die Frage in mir auf: »Wenn du nur noch fünf Jahre zu leben hättest, was würdest du tun?« In diesem Moment spürte ich in mir eine riesige Kraft, ein enormes Leuchten und ein glasklares Ja zu meinem neuen Leben. Ich tanzte vor Freude in meinem Wohnzimmer. Die Gewissheit der Entscheidung war überwältigend und beglückend. Am nächsten Tag beendete ich meine Ehe, was sehr schmerzhaft war, am übernächsten erklärte ich meinen Eltern die Lage, und am Montag reichte ich in der Bank meine Kündigung ein. Sechs Wochen später begann ich gemeinsam mit Stephan Schwarz mein neues Leben aufzubauen und unsere Vision zu verwirklichen: die spirituelle Welt in die Businesswelt zu integrieren. Und das machten wir in den nächsten dreißig Jahren und tun es heute noch.

Das Licht wird dich aufbrechen

Eines Tages wird dich das
Licht aufbrechen,
Selbst wenn du jetzt im Käfig lebst,
Denn ein göttlicher Same, des Schicksals Krönung,
Wurde verborgen in einen bewährten, fruchtbaren Acker gesät,
Der dir gehört.
Die Liebe wird dich gewiss mit Macht öffnen,
Hinein in eine unbegrenzte, sich entfaltende neue Galaxie …

Daniel Ladinsky: *Ich hörte Gott lachen*, Gedichte inspiriert von Hafiz

Auch wenn die Entscheidung nun endlich gefallen war, so zerrten meine inneren Saboteure, die nach Sicherheit strebten, in den folgenden Monaten und auch Jahren an mir. Ich habe sehr intensiv an mir gearbeitet, und es dauerte lange, bis ich alle meine Zweifel transformiert hatte. Es ist mir also sehr vertraut, wenn meine Klienten in diesen Kämpfen feststecken, und ich bin unendlich dankbar, dass ich ihnen so oft den Weg zu ihrem inneren Leuchten zeigen kann, das ja immer schon da ist, wenn auch verdunkelt von den Saboteuren. Auch wenn es anfangs anstrengend sein mag, seiner inneren Stimme zu folgen und der Buddha-Natur zu vertrauen: Es kommt einzig und allein darauf an, sich mit dem Göttlichen zu verbinden, wie auch immer das für Sie aussehen mag.

Falls Sie noch nie meditiert haben, ist nun der beste Moment, damit zu beginnen. Sie werden staunen, welche Freuden und ja Glückszustände Sie durch scheinbares Nichtstun erreichen können, jetzt und in Zukunft. Gut geerdet, aufgetankt und mit dem Besten erfüllt, was die geistige Welt uns zu bieten hat, sieht der Alltag anders aus als zuvor. Vieles, was vorher für Unmut sorgte, uns ungeduldig machte, nervte, an unsere Grenzen brachte, meistern wir nun ohne größere Anstrengung und mit Gelassenheit. Wir kämpfen nicht mehr gegen Widerstände, und wenn sie auftauchen, machen wir uns ihre Herkunft bewusst, vergegenwärtigen uns die aus der Zeit gefallenen Kellerkinder und wärmen ihre erfrorenen Seelen, damit das Licht ihrer Buddha-Natur mit dem Licht unserer Buddha-Natur resoniert.

Zehn Gründe für die Meditation

1. Unser plappernder Geist übernimmt die Herrschaft, wenn wir nicht lernen, mithilfe unserer Gehirnwellen in einen ruhigen Zustand zu gelangen. Wir können die Wirklichkeit außerhalb unserer Persönlichkeit nur mit einem klaren Geisteszustand beobachten. Diese Klarheit schenkt uns Gelassenheit, Gesundheit und Glück.

2. Der physische Körper kann sich in der Meditation reorganisieren und aufatmen. Dadurch entspannen sich die Muskeln, das Immunsystem kann sich neu organisieren, da es sich mit dem Quantenfeld verbindet.

3. Ängste verringern sich in der Meditation. Angst macht klein und eng. Durch die intensive Atmung während der Meditation dehnen wir uns energetisch aus. Blockierte Energie wird freigesetzt, Bewusstsein fließt vom Körper in die Weite, wodurch sich die Gehirnwellen verlangsamen. Wir strömen in das unendliche Quantenfeld und erkennen, dass wir viel mehr sind als unsere Teilpersönlichkeiten: »Ich bin größer als die Herausforderungen und Probleme meines jetzigen Lebens. Ich kann mein Leben meistern.«

4. Gleichzeitig entschleunigen wir, und das führt zu bewusster Wahrnehmung und Lebensfreude. Nur in der Langsamkeit können wir den Moment auskosten, sinnliche Erfahrungen vollumfänglich aufnehmen. Den Duft der Rose, den lauen Wind auf unserer Haut, das Glitzern der Sonnenstrahlen auf dem Wasser, die Wärme in unseren Händen … Das ist das ideale Ladetempo, um unseren Körper mit neuer Energie zu versorgen.

5. Durch das Kennenlernen und Erforschen anderer Bewusstseinsebenen erweitert sich unser Horizont. Je mehr Erfahrungen wir sammeln, desto weiter dehnt sich der Kreis unserer Vorstellungsmöglichkeiten aus, und wir erkennen, was alles möglich ist: Viel, viel, viel mehr, als wir jetzt noch glauben!

6. Meditieren macht das Herz weicher, weil wir uns aus den zuweilen engen und harten Gedankenwelten der Teilpersönlichkeiten herausbewegen. Es gibt nichts Stärkeres als ein weiches Herz. Mit einem weichen Herzen finden wir die richtigen Worte, um unsere Wertschätzung und sanfte und zärtliche Gefühle auszudrücken, und sie strahlen wiederum auf uns zurück.

7. Wir bringen verzettelte Energie zu uns zurück und zentrieren uns. Menschen, die meditieren, sind oft sehr gesammelt, klar und resilient, weil sie sich zuversichtlich in der Überzeugung verankert haben, geschützt zu sein. Meditation nährt!

8. Alte Gefühle und Blockaden können in der Meditation transformiert werden. So entwickeln wir innere Reife und Souveränität, die uns auch würdig ist, und hören auf mit kindischen Zickereien oder Sturheit, die uns manchmal seit Jahren begleiten.

9. Meditation heilt Schmerzen besser als Schmerztabletten, wie Versuche zeigen – und hierbei nahmen keine Mönche an Studien teil, sondern Menschen ohne Meditationserfahrung, die in einem einfachen Training in einer Achtsamkeitsmeditation unterwiesen wurden.[3]

10. »Meditation – because some questions can't be answered by Google!« Diesen großartigen Spruch habe ich irgendwo im Netz gelesen. Tatsächlich könnte das einer der größten Nutzen sein, wenn wir regelmäßig meditieren. Unser Verstand kann uns nur Antworten liefern, die in seine konditionierte Vorstellungswelt passen. Beim Meditieren halten wir uns außerhalb der Box auf. Wer lernt, sich das Unmögliche vorzustellen, der lernt zu meditieren und sich im Quantenfeld zu bewegen. Wenn wir meditieren, drücken wir den Pausenknopf und hören nicht mehr die immer gleichen Antworten. Eine neue Energie durchdringt den Körper, und wir finden neue Antworten, gerade auf die spannendsten Fragen, bei denen Google passen muss.

---

3 Quelle: https://www.spiegel.de/wissenschaft/medizin/hirnforschung-meditation-lindert-schmerzen-so-gut-wie-arznei-a-756573.html

DIE BRENNSTOFFE DER INNEREN SABOTEURE

Der Körper ist nur eine vorübergehende Erfahrung. Wir sind nicht Menschen, die spirituelle Erfahrungen sammeln, sondern spirituelle Wesen, die die Erfahrung Menschsein machen. Was für ein Paradigmenwechsel! Als ich dies zum ersten Mal von meiner Meditationslehrerin in Oregon hörte, war ich völlig überrascht. Das änderte alles, auch die Sichtweise auf mich selbst. Das Leben in unserem physischen Körper bedeutet von Anbeginn an Leid. Mit Schmerz beginnt das Leben, mit Schmerz endet es, und dazwischen gibt es auch jede Menge, da der Körper ständig etwas braucht: Trinken, Essen, Verdauung, Wärme, Schlaf … und das sind erst die elementaren Bedürfnisse, da sprechen wir noch nicht vom neuesten iPhone und dem Traummann. Hin und wieder kann er auch ganz schön wehtun, der Körper. Viele Krankheiten können uns heimsuchen, auch Befindlichkeitsstörungen der Seele oder die Melancholie der Vergänglichkeit, wenn wir älter werden und der Körper anfälliger wird. So ist das Leben eine ständige Herausforderung … und gleichzeitig eine Quelle großer Freude. Was für ein Paradox! Ja, so ist das Leben. Deshalb ist es sinnlos, sich gegen das Leid aufzulehnen und ständig etwas zu wollen. Solange wir uns gegen das Leiden wehren, kreieren wir neues Leiden.

Ich habe den Eindruck, dass es älteren Menschen oft leichter fällt, etwas zu akzeptieren. Vielleicht, weil sie schon so viel erlebt haben? Unvergessen ist mir ein Auftritt von Loki Schmidt, der Ehefrau des Ex-Kanzlers Helmut Schmidt – beide inzwischen verstorben. Angesprochen auf ihre zahlreichen Fehlgeburten, erwiderte sie etwas wie: Ja, das war so. Der Interviewer fragte nach, weil man heutzutage immer nachbohrt, man will Gefühle, nackte, pure Gefühle, die, wie Sie inzwischen sicher ahnen, häufig Schreie der aus der Zeit gefallenen Kellerkinder sind. Loki Schmidt, über neunzig Jahre alt, zog an ihrer Zigarette und sagte: »Es war schlimm, aber so war es.« Was hätte es sonst auch zu sagen gegeben?

So war es. So ist es, und Punkt.

Es bringt nichts, pausenlos über Dinge nachzudenken, die vorbei sind oder auf die wir keinen Einfluss haben. So war es, so ist es, und Punkt. Allein mit dieser Entscheidung lassen wir so manchem inneren Saboteur die Luft ab. Wir leben häufig in der Vergangenheit oder in der Zukunft und klagen darüber, zu wenig Zeit zu haben. Wir denken darüber nach, was wir hätten tun sollen, was wir tun werden, was gewesen ist, was sein soll, was noch kommen wird, wenn es gewesen ist – und vor lauter Im-Kreis-Denken sehen wir das innere Leuchten der uns innewohnenden Buddha-Natur nicht mehr. Wie wäre es mit einer Meditation, um uns wieder zu verbinden?

Mir kommt es so vor, als würde es unserer Gesellschaft insgesamt mit ihren ständig wachsenden Wünschen nach mehr und mehr und noch mehr immer schwerer fallen zu akzeptieren, dass es Leid gibt. Es geht längst nicht mehr darum, ein Dach über dem Kopf zu haben, satt zu werden und im Kreise seiner Lieben gesund und in Frieden zu leben. Wir müssen haben, haben, haben und etwas darstellen, besser als die anderen sein und dabei immer gut aussehen und so weiter und noch viel mehr. Weltweit sterben mehr Menschen an den Folgen von Übergewicht als an Unterernährung! Es ist auch nicht nur eine billige Beruhigung für das gute Gewissen der Wohlstandsgesellschaft, dass sich ärmere Menschen oft glücklicher fühlen als reiche. Geld und Glück bedingen sich nicht, vorausgesetzt, man hat genug, um ein würdevolles Leben führen zu können. Mehr Geld bringt nicht automatisch mehr Glück. Mehr Haben führt nicht automatisch zum Sein, im Gegenteil.

Marie Kondo, die Aufräumkönigin aus Japan, ist so erfolgreich, weil sie vielen Menschen bewusst gemacht hat, dass Besitz unser Bewusstsein besetzt. Solange wir mehr bei den Gegenständen sind als bei uns selbst, kennen wir uns nicht mehr aus in unserem Leben und machen uns selbst unfrei. Ein Teufelskreis. Mit dem Dharma, der Lehre Buddhas, unterbrechen wir diesen Kreislauf. Seine kostbaren Belehrungen zeigen uns den Weg in die innere Freiheit.

Der Buddhismus benennt drei »Geistesgifte«, die das Leid der Menschen verursachen: Unwissenheit, Ablehnung und Anhaftung. Unwissenheit gilt als das entscheidende, denn wenn wir nicht wissen, warum wir unglücklich sind, können wir diesen Zustand auch nicht verändern. Wenn wir nicht wissen, dass unsere Blockaden von inneren Saboteuren hervorgerufen werden, können wir sie nicht lösen.

Das erinnert mich an die Geschichte von dem Elefanten und den vier Blinden. Der eine berührt das Bein des Elefanten und sagt: »Dieses Wesen hier gleicht einem mächtigen Baumstamm.« Ein zweiter betastet die Schwanzspitze des Tieres und gelangt zu der Auffassung, bei dem Tier handle es sich um einen lebenden Pinsel. Der dritte Blinde untersucht das Ohr und kommt zu dem Schluss, dass er es mit einem lebenden Palmblattfächer zu tun habe. Der letzte Blinde, der den Rüssel befühlt, erkennt ohne Zweifel ein Rohr. Wer hat recht?

Wir können nur das sehen, was in unseren Möglichkeiten liegt, und sind dennoch blind, solange wir geblendet sind von Unwissenheit, Anhaftung und Abwertung, die unseren Geist trüben. Wenn wir einmal verinnerlicht haben, dass wir immer nur einen Teil der Wirklichkeit erkennen, entlasten wir uns von der größenwahnsinnigen Vorstellung, irgendetwas tatsächlich im Griff zu haben. Gewiss, in unseren alltäglichen Verrichtungen mögen wir Frau und Herr der Dinge sein. Doch alles, was darüber hinausgeht, entzieht sich unserem Einfluss. Es ist zermürbend, ständig um Kontrolle zu ringen. Vor allem, wenn es das Verhalten anderer Menschen betrifft, das wir nur zu einem winzigen Bruchteil wirklich einschätzen können, weil wir durch unsere Augen in die Welt blicken, die wir uns vorstellen.

Die gute Nachricht lautet: Mit Umsicht und Achtsamkeit können wir die Geistesgifte meiden, wenngleich dieses Meiden eine lebenslange Aufgabe ist. Doch sie lohnt sich, denn wir werden reich beschenkt mit einem Leben voller Gelassenheit und Zufriedenheit und auch Glück. Mögen die ersten Schritte auf diesem bewussten Lebensweg auch schwerfallen, so wird es bald leichter, weil sich das Lebensgefühl verändert: Es wird bunter, weiter, leuchtender.

Wir sind auf dem Weg in die Freiheit! In die Freiheit, nicht mehr unter dem Zwang einer Teilpersönlichkeit zu stehen. In die Freiheit der Selbstbestimmung, ohne vom Autopiloten einer Teilpersönlichkeit gesteuert zu werden. Weil wir uns die vielleicht wichtigste Freiheit erobern: Wahlmöglichkeiten.

Unwissenheit

Unwissenheit ist die Basis des Leides und wie beschrieben das schlimmste Geistesgift. Wer nicht weiß, kann keine Zusammenhänge erkennen. Wer nicht weiß, dass er von Saboteuren manipuliert wird, glaubt, er sei derjenige, der ständig diese komischen Sachen macht, tut, sagt. Oder sich selbst verletzt, anderen schadet. Er glaubt, er sei »nur« ein Mensch, und ahnt nicht, dass die Kraft und das Leuchten des inneren Buddhas in ihm stecken. So verharren wir in Unwissenheit in der Dreidimensionalität.

Mit seinen fünf Sinnen kann der Mensch nicht verstehen, dass er göttliches Bewusstsein und somit unsterblich ist: als reine Energieform. Als diese wird er das irdische Leben wieder verlassen. Um das zu verstehen, braucht er das Leuchten des Buddhas in sich, das sich mit dem Quantenfeld verbindet. Die Knospe der Lotosblüte im Schlamm weiß noch nichts vom Licht, von der Blüte und dem leuchtenden Buddha auf der Wasseroberfläche.

Buddhistisch über den Tellerrand hinauszusehen bedeutet, dass wir erkennen: Wir sind mehr als ein Körper in der Dreidimensionalität. Wir sind auch eine Seele. Im Buddhismus wird sie göttliches Bewusstsein genannt, und das Streben dieses Bewusstseins gilt der Weisheit, die die Unwissenheit ersetzen soll. Die auf dem Weg gewonnenen Erkenntnisse wirken sich auf das ganze Leben aus – wir verstehen mehr, warum die Dinge und Menschen so sind, wie sie sind, und vor allem auch, warum wir selbst so sind. Wir schulen unser Mitgefühl und heilen dadurch Leid – bei uns selbst und bei anderen. Das gilt auch für das zweite der drei Geistesgifte.

Aus einer heiligen Stelle in deinem Körper
Erhebt sich jede Nacht ein Bogen,
Der deine Seele in Gott hineinfliegen lässt.

Daniel Ladinsky: *Ich hörte Gott lachen*, Gedichte inspiriert von Hafiz

Anhaftung

Als Albert Einstein mit seiner Frau nach Amerika auswanderte, so habe ich es einmal gelesen, sagte sie zu ihm: »Am schwersten fällt es mir, unsere Möbel hierzulassen. Ich hänge so an ihnen.«

Albert Einstein erwiderte: »Aber sie hängen nicht an dir.«

Eigentlich wäre damit schon alles gesagt. Ich füge dennoch etwas hinzu, denn viele Menschen glauben, das buddhistische Anhaften beziehe sich lediglich auf materielle Güter. Doch wir haften auch an anderen Menschen, an Gewohnheiten, an Gefühlen und … an unseren inneren Saboteuren.

Der Klassiker wäre hier vielleicht der »Opfer-Saboteur«. Vielen gefällt dieses Jammern und Klagen. Ist es nicht schrecklich … poor little me. Die Vorstellung, sich von dieser Teilpersönlichkeit zu lösen, selbstständig Verantwortung zu übernehmen, über Ziele nachzudenken und zu lernen, sich selbst aufrecht für seine Bedürfnisse einzusetzen, erfüllt sie mit Schrecken. O nein, lieber jammern und klagen!

Ablehnung

Das Geistesgift der Ablehnung äußert sich in Emotionen wie Wut, Ärger und Hass. Nicht nur können diese Gefühle eine endlose Spur von Leid für viele andere kreieren, auch wir selbst spüren den Schmerz dieser heftigen Gefühle. Wenn wir jemandem nicht verzeihen können, dann sind wir im Geistesgift der Ablehnung gefangen. Seine Heiligkeit der Dalai Lama erwähnt es immer wieder: Verzeihen können ist das Wichtigste. Das heißt nicht, dass wir die Handlung oder Tat des anderen dadurch gutheißen, sondern wir lösen uns aus der energetischen Schleife der Ablehnung.

Das will geübt sein und ist möglich, wenn wir uns mit der uns innewohnenden Buddha-Natur verbinden. Das Geistesgift der Ablehnung ist auch besonders schmerzhaft, wenn wir Teile in uns selbst ablehnen. Ich erinnere mich an ein Coaching mit einer Klientin. Der innere Saboteur, den wir erforschten und der sich in ihrer Vorstellung auf dem Stuhl vor ihr zeigte, war ein pummeliges, unglückliches und störrisches kleines Mädchen. Dieses Kellerkind fand meine Klientin im ersten Moment nur schrecklich. »Ich hasse diesen Teil von mir! Sie ist mir peinlich! Ich schäme mich für sie! Ich will nichts mit ihr zu tun haben!« Die Kälte in ihrer Stimme war schneidend. Während ich dieses kleine, verschrobene Mädchen am liebsten umarmt hätte, brauchte es einige Schritte der Annäherung für meine Klientin, um ihre eigene Ablehnung zu transformieren: sich mit der Buddha-Natur verbinden; lernen, durch die Augen des Buddhas auf dieses jüngere Selbst zu schauen; den inneren Zustand von Anhaftung in der Betawellenebene des Gehirns runterfahren durch Meditieren und Rezitieren … All das, bis sie im Herzen angekommen war und langsam eine Verbindung zu diesem verlorenen Teil schaffen konnte. Die Transformation gelang, und sie leuchtete und strahlte, und Tränen liefen über ihre Wangen, als sich das Geistesgift der Ablehnung auflöste und sie zärtlich und liebevoll dieses transformierte jüngere Selbst umarmen konnte.

Heute beim Spaziergang am verschneiten Ufer des Bodensees hörte ich, wie zwei junge Freundinnen, vertieft in ihr Gespräch, laut diskutierten und eine wütend schrie: »Das geht mir so was von auf die Nerven!« Aha, dachte ich, da wirkt das Geistesgift der Ablehnung.

Vergebung ist das Bargeld

Vergebung
Ist das Bargeld, das du brauchst.
Alle anderen Währungen
Kaufen dir nur merkwürdigen Tand.
Vergebung gehört zu jenem Schatz,
Den du brauchst,
Um deine Falkenflügel zu entwickeln
Und in dein wahres Reich
Göttlicher Freiheit
Zurückzukehren.

Daniel Ladinsky: *Ich hörte Gott lachen*, Gedichte inspiriert von Hafiz

WORAN WIR MERKEN, DASS SABOTEURE AN UNSEREM GLÜCK NAGEN

Vielleicht haben Sie nun selbst schon einige innere Saboteure in Ihrem Leben erkannt. Manche sind leichter zu entlarven als andere. Es gibt allerdings einige typische Anzeichen für ihr Wirken. So wie wir in der Kälte frieren, vielleicht sogar zittern, fühlen wir uns, wenn ein innerer Saboteur auftritt, nicht mehr wohl in unserer Haut. Alles erscheint schwer, eng, verspannt. Wann immer Sie wie gegen einen Widerstand leben, ist dies ein Anzeichen für die Aktivität innerer Saboteure. Vielleicht fällt Ihnen sogar eine konkrete Situation ein. Eben noch war alles ganz angenehm, und dann klingelt das Telefon, und nach dem Gespräch ist alles anders. Als würden Sie in einem anderen Körper stecken, ja sogar Ihr Körpergefühl hat sich verändert. Und nicht nur das: Die ganze Welt sieht anders aus. Gerade noch hell und freundlich, erscheint nun alles eng und dunkel. Wenn ein innerer Saboteur am Werk ist, verengt sich Ihr Blickfeld, versinkt Ihre Perspektive, und Sie starren mit einem Tunnelblick in Ihre alles andere als rosige Zukunft.

Sind Sie das? Nein, Sie blicken durch die Augen des Saboteurs. Wieder mal hat er Sie drangekriegt, sodass Sie seine Sicht der Dinge übernehmen. Sie merken es auch daran, dass Sie nicht mehr frei atmen. Alles um Sie herum und in Ihnen ist eng, verhärtet und grau – eindimensional. Kleinmachende Gedanken häckseln Ihr Selbstbewusstsein: *Ich schaffe das nie. Ich kann das nicht. Ich bin nicht gut genug.*

Manchmal flüchten wir uns dann ins Selbstmitleid. Um uns zu trösten, reißen wir eine Packung Chips auf, köpfen eine Flasche Wein … der nächste Teufelskreis beginnt.

Muss das so sein? Nein, Sie können das Leiden jederzeit beenden.

Stellen Sie sich vor, Sie würden in solchen Situationen gelassen bleiben. *Na gut, gestern Abend lief es nicht optimal. Okay, heute regnet es. Meinetwegen, mein Partner hat vergessen einzukaufen. Schade, den neuen Job habe ich nicht gekriegt. Ich habe mein Bestes gegeben, und es hat nicht gereicht, so ist es eben. Ich habe gestern zu viel gegessen, es war halt so lecker. So ist es, und Punkt. Wieso soll ich mir meine Vergangenheit madig machen und die Gegenwart gleich mit – das führt doch bloß in eine madige Zukunft!* Buddhistisch gesprochen bedeutet dies, das Leid anzuerkennen als das, was es ist.

Seine Heiligkeit der Dalai Lama – ich habe seine warme Stimme im Ohr – sagt: »Life can be very difficult.« Das Leben kann sehr schwierig sein. Das Leben ist leidvoll. Aus Sicht der Buddhisten gibt es unterschiedliches Leiden. Entweder man will es nicht wahrhaben und verdrängt es, oder man verliert sich darin und überidentifiziert sich damit. Weder das eine noch das andere ist hilfreich. Leiden wird dann effektiv, wenn wir jede leidvolle Erfahrung als Mittel nehmen, um daran zu wachsen.

Vielleicht ist das eine der besten Erkenntnisse, um sich aus dem Teufelskreis der Ichbezogenheit und Identifikation zu lösen. Im ersten Schritt unser Menschsein akzeptieren. Wir sind keine Heiligen. Lernen, uns mit all unseren Schwächen anzunehmen und genauso den anderen anzunehmen, in seinem Menschsein mit all seinen Schwächen.

Wenn ich mich aber quäle – *gerade heute wollte ich keine Kopfschmerzen haben, gerade heute wollte ich gut aussehen und jetzt der Pickel, und überhaupt nie funktioniert etwas, warum habe ich den Auftrag nicht bekommen, nie kriege ich wirklich tolle Projekte, nie klappt die Tonleiter auf Anhieb und so weiter und so weiter* –, verstärke ich das Leiden. Dann befinde ich mich im Bereich der Selbstsabotage. Ich füttere das Negative in mir. Ich rege mich darüber auf, dass etwas so ist, wie es ist. Womöglich mache ich mich auch noch selbst dafür verantwortlich oder bezichtige mich: *Warum habe ich meine Freunde gerade an diesem Tag zu einer Grillparty eingeladen, wenn es gewittert, ich hätte doch auch einen anderen Tag wählen können. Da läuft das Fass aber voll!*

War ich das? Oder ist das Wetter schuld, bestimmt haben wir Föhn. Nein, die Hormone sind schuld. Ich weiß doch, dass ich keine Entscheidung treffen soll, wenn ich Hunger habe. Und stand nicht sowieso in meinem Horoskop, dass heute alles schiefläuft? Oder waren mal wieder meine Eltern schuld beziehungsweise die Gene, die sie mir vererbt haben? Und so geht es immer weiter im Kreislauf der zu kurz Gekommenen, die nie genug haben, immer mehr und mehr brauchen – ein typisches Anzeichen für das Wirken innerer Saboteure.

Zwischen immer und nie

… stellen Sie sich eine Falle. Wenn Ihre Sätze oft so beginnen:

Nie habe ich …
Immer ist es …
Alle sind …
… also mit Verallgemeinerungen, dann könnte es sein, dass ein innerer Saboteur aus Ihnen spricht. Also tappen Sie ihm nicht in diese Falle, sondern ertappen Sie ihn!

Hunger nach mehr

Eben war noch alles so schön. Zum ersten Mal fährt Sabine mit ihrem neuen roten Fahrrad zur Arbeit. Sie freut sich, wie leicht es rollt, und den Berg an der Stadtmauer schafft sie mithilfe des Elektromotors spielend. Die milde Frühlingsluft streichelt sanft ihre Haut, es ist ein perfekter Wochenstart, und sie freut sich, nun an jedem Sonnentag mit dem Rad zu fahren.

Doch als sie ihre neue Errungenschaft vor der Firma abstellt und ihre alles andere als Lieblingskollegin ebenfalls mit dem Fahrrad um die Ecke biegt, allerdings mit dem anderen, mit dem tausend Euro teureren, mit dem Nonplusultra-Fahrrad, wie es der Verkäufer am Samstag im Geschäft nannte, verliert der Frühlingstag seine Farbenpracht.

»Das Gras auf der anderen Wiese ist immer grüner« lautet ein oft augenzwinkernd zitiertes britisches Sprichwort meiner Mum. »What to do?« Es ist nie genug. Unser Geist scheint nicht darauf trainiert zu sein, auf das zu achten, was da ist. Wenn wir nicht aufpassen, sieht er nur, was fehlt.

Im Buddhismus spricht man von der »Hunger-Welt«. Wenn der Geist einfach rumstreunt, ohne dass unser Bewusstsein ihn begleitet, schaut er sofort auf die Wiese nebenan, die so viel schöner ist. Ist das nur schlecht? Natürlich nicht. Im Guten kann es ein Ansporn sein: Wir können erkennen, welche wunderschönen Blumen auch wir noch auf unserer Wiese zum Blühen bringen könnten. Es kann uns motivieren, neue Ziele zu erreichen. Im Schlechten jedoch kann es zu einer unersättlichen Gier führen, einer latenten inneren Unzufriedenheit, die an uns nagt und uns quält. Ein innerer Saboteur, der ständig flüstert oder schreit: *Noch besser, noch mehr …*

Vielleicht auch deshalb empfiehlt der große Dichter Hermann Hesse zu reisen:

Kaum sind wir heimisch einem Lebenskreise
Und traulich eingewohnt, so droht Erschlaffen,
Nur wer bereit zu Aufbruch ist und Reise,
Mag lähmender Gewöhnung sich entraffen.
(aus dem Gedicht »Stufen«)

Jedes Mal, wenn ich von einer längeren Reise aus Indien zurückkam, war es für mich wieder einfacher, Dankbarkeit zu fühlen. Ich war beglückt, dass ich während des Föhnens meiner nassen Haare keinen »power cut« erlebte. Dankbar, dass ich draußen unbekümmert auf geteertem Trottoir gehen konnte, ohne in ein Loch zu stolpern. Ich genoss es, dass aus dem Wasserhahn frisches, klares Wasser sprudelte, und keine braune Brühe. Mit einem warmen

Herzen schätzte ich, wie unser Leben hier auf so vielen Ebenen einfacher ist und gleichzeitig so perfekt funktioniert. Doch nach einiger Zeit gewöhnte ich mich daran, und es wurde selbstverständlich.

Wir brauchen nicht nach Indien zu reisen, um Dankbarkeit zu kultivieren. Es gibt schön verzierte Dankbarkeitsbücher, die uns daran erinnern, dass nicht alles, was wir gewohnt sind, selbstverständlich ist. So trainieren wir unseren Geist darauf, ein Bewusstsein für die Fülle zu kultivieren, also für alles, was da ist, statt auf einen Mangel. Indem wir uns tatsächlich und wirklich öffnen für das, was da ist, und uns erlauben, dies zu fühlen, öffnen wir unser Herz, und es wird sanfter und weicher. Menschen, die ihren Geist darauf trainiert haben wahrzunehmen, was ist, sehen die Welt anders – farbiger, strahlender. Sie erleben die Welt in ihrer Fülle. Sie fühlen sich in der Welt geborgen – warm, verbunden, lebendig.

Wenn wir an einem Mangelgefühl leiden, wenn wir glauben, nicht genug zu haben, zu kurz gekommen zu sein, fällt uns wegen unseres Tunnelblicks gar nicht auf, was alles schön und gut ist. Die Stimme des Mangelbewusstseins stichelt mit latenter Unzufriedenheit. Manche Frauen bringen es darin zur Meisterschaft. Alles ist perfekt, aber sie finden doch noch etwas, das nicht passt. Ihre Männer bemühen sich, alles richtig zu machen, reißen sich fast die Beine aus, um ihren Frauen zu gefallen, und ernten doch bloß ein unzufriedenes »Das habe ich mir aber anders vorgestellt«. Ja, sie haben sich viel vorgestellt und selbst wenn alles so ist, wie sie es wollten, findet sich ein Haar in der Suppe oder ein eingerissener kleiner Fingernagel. Der schöne Urlaub, das Meer, das leckere Essen … das alles zählt dann nicht mehr. Die am Nachbartisch trinken keinen Prosecco, sondern Champagner.

Vielleicht kennen Sie auch so eine Nörglerin. Dahinter steckt oft Neid. Menschen, die scheinbar alles haben und doch nie zufrieden sein können – ein Zeichen für ihre innere Leere. Auch wenn außen alles perfekt erscheint, die inneren Löcher können nicht gefüllt werden, sie werden niemals satt. Und weil der Hunger so groß ist, wird so viel wie möglich in dieses Loch geworfen. Doch das ändert nichts. Einen solchen geradezu verzweifelten Hunger können wir nur von innen stillen, nicht von außen.

Auch die Lästerei über andere gehört in die Abteilung Nörgeln. Wenn Sie sich dabei ertappen, haben Sie ein weiteres Anzeichen für innere Saboteure gefunden. Nachfolgend ein Beispiel für die Lästerei, ich habe es vor einiger Zeit in einem Restaurant erlebt:

Vier attraktive Frauen um die dreißig saßen an einem Tisch, auf den ersten Blick in schönster Harmonie. Sie lachten viel, zeigten sich Fotos auf ihren Smartphones und genossen ihr Beisammensein. Ich bekam mit, dass sie ehemalige Kolleginnen waren. Dann ging eine zur Toilette, und etwas Sonderbares passierte. Zwei der anderen steckten die Köpfe zusammen und lästerten über die Abwesende. Kaum kehrte sie zurück, wurde sie mit einem Lächeln begrüßt, und es ging weiter wie zuvor. Bis die nächste die Toilette aufsuchte, nun, Sie können sich denken, was folgte.

Auch wenn die vier Freundinnen oder zumindest drei von ihnen – eine hielt sich zurück – am nächsten Tag behaupten würden, einen ungetrübten Abend verbracht zu haben, so hat ihnen doch ein innerer Saboteur in die Suppe gespuckt. Sie hätten sich auch als leuchtende Buddhas begegnen können, wohlwollend und voller Mitfreude füreinander. Stattdessen haben sie durch das Herabsetzen ihr eigenes Licht verdunkelt. Das ist kein schönes Gefühl, und vielleicht weiß man selbst gar nicht, warum man am nächsten Morgen wie verkatert aufwacht. Man hat doch fast nichts getrunken … nein, getrunken nicht, aber gelästert.

Wenn der Geist vergiftet ist, hier durch Ablehnung, verzerrt sich die Wahrnehmung der Welt. Als Getriebene unserer Teilpersönlichkeiten verlieren wir den richtigen Kurs oder buddhistisch ausgedrückt den rechten Pfad. Bewusst leben heißt auch verstehen, welche lähmende Wirkung die Geistesgifte entfalten.

Der Saboteur des Mangelbewusstseins braucht Aufmerksamkeit und Training. Wie ein kleiner Welpe. Den sollte man auch nicht einfach sich selbst überlassen, sonst pinkelt er einem in jede Ecke. Lernen Sie, den inneren Saboteur liebevoll und bestimmt an die »Achtsamkeitsleine« zu nehmen. Atmen Sie tief ein, sobald Ihnen vor Augen kommt, wofür Sie dankbar sind. Tief einatmen – erinnern Sie sich an die Zehn-Sekunden-Strategie?

Mangel in der Mangel

Das vage Gefühl des Mangels, die Wolke der Unzufriedenheit, ist schwer zu packen. Wenn Sie Ihren Mangel dingfest machen können, wenn Sie erkennen, zu welchem Geistesgift er gehört – Ablehnung oder Anhaftung –, dann klärt sich Ihre Sicht. Nach und nach schulen Sie auch Ihren Blick für das dritte Geistesgift: die Unwissenheit.

Manchmal mag ich mich selbst nicht

Am Morgen steht man vor dem Spiegel, und anstatt sich liebevoll zu begrüßen, beschimpft man sich mit wenig charmanten Bemerkungen. *Wie siehst du bloß wieder aus! Du bist ja total verquollen!* Daraufhin entladen sich schmerzhafte Schuldgefühle, oft gepaart mit: *Oh, ich schäme mich. Warum hast du diese ganze Tüte Chips verschlungen? Warum bist du nicht früher ins Bett gegangen? Hättest du nicht diesen blöden Film geguckt … worum ging es da gleich noch mal? Du erinnerst dich nicht? Noch schlimmer!* Vor dem Kleiderschrank der nächste Schock: Hose kneift wäre nett ausgedrückt. Fakt ist: Sie geht nicht zu. Also rein in die nächste Beschimpfungstirade und dann in das verhasste Vorhangkleid geschlüpft, einfach nur ein Hänger, und genauso fühlt man sich.

Ja, es gibt solche Tage, und auch diese Stimmungen sind ein Anzeichen dafür, dass die inneren Saboteure zum Angriff blasen. Wenn sie gehäuft auftreten, wenn es mehr schlechte als gute Tage gibt … dann ist das ein untrügliches Zeichen für innere Saboteure und eben nicht für vorgeschobene Gründe, wie wir sie bisher suchten und auch stets fanden. Denn das ist den Saboteuren gerade recht, die diese falschen Annahmen zur Tarnung nutzen.

Wir benennen also anstatt der Saboteure die üblichen Verdächtigen, oft die Eltern: »Ich hatte eine schlimme Kindheit.« Man kann aber auch in Vorleben – »Ich wurde als Hexe verbrannt« –, in der Astrologie – »Mein Mars steht gerade in Opposition« –, in der Psychologie – »Ich bin traumatisiert« – oder beim Lebensgefährten – »Er ist ein Narzisst!« – suchen. Die Lösung liegt meistens dort, wo wir nicht suchen. Also bis jetzt. Denn das ändert sich nun, weil Sie sich in Zukunft mit dem Leuchten Ihres inneren Buddhas verbinden. Schnell werden Sie merken, wie die Enge und Kälte, die Härte sich auflösen. Die Hose mag immer noch kneifen – na wennschon! Ist es nicht wundervoll, dass Sie am Leben sind? Dass Sie nicht nur eine Hose haben, sondern zwei oder drei und vor allem: das herrliche Vorhangkleid?

Übrigens ist das etwas anderes als die Gleichmut, die wir mit der Zeit entwickelt haben und die der Resignation verdächtig ähnlich sieht: Ich akzeptiere mich, so wie ich bin. Das ist etwas anderes, als sich des strahlenden Lichts unserer Buddha-Natur bewusst zu sein. Sich abzufinden kann eine Tarnung der Saboteure sein. Die ihnen sehr zupasskommt, denn wenn man so ist, wie man ist, und Punkt, forscht man nicht, *warum* man so ist. So können sich die Saboteure bequem zurücklehnen und brauchen keine Angst zu haben, aufzufliegen in ihrer eingefrorenen Ichbezogenheit. Und wir zucken mit den Schultern, glauben, wir hätten uns weiterentwickelt, wenn wir akzeptieren: Ich bin eben so.

Nein, ich bin ganz anders, wenn ich mich mit dem inneren Leuchten meiner Buddha-Natur verbinde!

Ich, ich, ich!

Ein Satz, der sich mir tief eingeprägt hat nach einem besonders intensiven Dharma-Teaching – das bedeutet buddhistische Belehrungen –, lautet: »Kein Ich, kein Trouble!« Darüber musste mein »Ich« lange nachdenken. Ich bin weit davon entfernt, den Satz in seiner ganzen Tiefe zu begreifen. Erlauben Sie mir, ansatzweise zu erklären, wie ich es mittlerweile erlebe und lerne zu verstehen.

Unsere Persönlichkeit erlebt sich als »Ich« abgespalten und getrennt von anderen. Diese Unwissenheit über unsere wahre Buddha-Natur, die mit allem verbunden ist, schafft »Trouble«. Wenn wir uns getrennt und abgespalten erleben, können wir hart und egoistisch sein, und das schafft Leid für uns und andere. Das Herz erlebt keine Barmherzigkeit, kann nicht mitfühlen und andere verstehen. Gerade in diesen schwierigen Coronazeiten mit Maske, reduziert zu gesichtslosen Wesen mit Abstand und wenig direktem Kontakt, droht das Herz zu erkalten. Jeder für sich, und jeder gegen die anderen. Die Welt des Ichs ist durchdrungen von Ängsten und konzentriert sich nur auf sich selbst – jede Menge »Trouble«. Zu lernen, unser Bewusstsein in der Meditation auszudehnen auf die göttliche Ebene, die Wahrheit oder das Quantenfeld, wie immer Sie es nennen möchten, ist die Befreiung vom »Ich«. Wenn wir auf dieser Ebene verweilen, weichen die engen Grenzen des »Ichs« auf. Ängste schmelzen, Arroganz löst sich auf, falscher Stolz weicht auf. Vieles mehr, was den Trouble des Ichs ausmacht, löst sich.

Nach der Meditation kommen wir zurück in einen Körper mit einem weiten Bewusstsein und erleben uns als leuchtenden Buddha. Dann richtet sich das Bewusstsein wieder auf das »Wir« – auf die höheren Ziele. Trotz der schwierigen Umstände und Herausforderungen in der Außenwelt können wir uns verbunden fühlen. Eine Seminarteilnehmerin erzählte mir kürzlich: »Meine beste Freundin und ich sind ganz unterschiedlicher Meinung über die Dinge, die gerade geschehen. Beim letzten Treffen waren unsere Positionen so unüberbrückbar, dass ich befürchtete, an dieser Spaltung würde unsere langjährige Freundschaft zerbrechen. Ich habe mein Bewusstsein auf das ›Wir‹ gerichtet, weg von meiner ichbezogenen ›Ich habe recht mit meiner Sichtweise‹-Haltung und hin zu unserer Liebe füreinander, die uns seit Jahren verbindet. Ich habe mich darauf besonnen, wie viel Schönes wir gemeinsam erlebt haben. Da wurde es wieder weich und warm in meinem Herzen. Ich umarmte meine Freundin und meide seitdem die Ich-Themen der inneren Saboteure. Wir reden über Dinge, die uns verbinden, und das stärkt unsere Beziehung.« Sie strahlte vor Glück.

Du bist!

Saboteure schießen gern scharf und final. Sie merken den Angriff an Ihrer Körperhaltung. Entspannt fühlt sich anders an. Wenn Sie sich bei anklagenden Aussagen ertappen, die in anderen Menschen keine fluiden Wesen sehen, sondern starre Persönlichkeiten, spricht aus Ihnen selbst vermutlich gerade eine aus der Zeit gefallene, gefrorene und somit starre Teilpersönlichkeit. *Du bist* immer *zu spät, du bist so rücksichtslos, du bist total unzuverlässig, du bist wirklich doof, du bist egoistisch, du hilfst mir* nie *etc.* (vor allem in Verbindung mit »immer« oder »nie«). Dann haben Sie einen PIN-Code eines Saboteurs aktiviert.

Der PIN-Code »Du bist …« mit einem negativen, abwertenden Attribut öffnet die Falltür in den Keller. Lernen Sie diesen PIN-Code zu vermeiden und stattdessen aus einem bewussten Erwachsenen-Ich heraus zu artikulieren, was Sie sich wünschen und möchten. Wie wir uns respektvoll ohne Saboteure und ohne Drama in Konfliktsituationen ausdrücken, habe ich in meinem zusammen mit Stephan Schwarz verfassten Buch *Schluss mit Psychospielen* beschrieben.

Ein Ihnen bereits bekannter, wirksamer Retter aus der Kralle des Saboteurs ist das bewusste Atmen. Es führt Sie zurück zu sich selbst. Über den Atem können Sie sich wieder spüren, können sich verlangsamen, können in Ruhe überlegen und nachdenken. Im Buddhismus wird es auch das heilige Innehalten genannt. Wenn Sie eher veranlagt sind wie ich – zu schnell, zu laut, zu impulsiv und dadurch auch zu flach atmend –, kann diese innere Erlaubnis des heiligen Innehaltens Balsam fürs Herz sein. Dann nämlich spüren Sie, wie es weicher und sanfter wird in Ihnen. Dann haben Sie Zeit zu prüfen, was für Sie wirklich wichtig ist: Was ist Ihr Ziel, was wünschen Sie sich, was möchten Sie? Sie übernehmen Ihre innere Führung und Selbstverantwortung, und Sie gefallen sich selbst wieder. Das bestärkt Sie darin, klarer zu formulieren und in Ich-Botschaften zu sprechen, statt sich in Anklagen zu verlieren. Statt »Du bist« plus negatives Urteil richten Sie den Fokus auf das Verhalten: »Mir ist aufgefallen, dass du heute zwanzig Minuten zu spät zu unserem Meeting gekommen bist. Das ist nicht zum ersten Mal geschehen. Darüber bin ich irritiert. Ich bitte dich, in Zukunft pünktlich zum Meeting zu erscheinen.« Reservieren Sie den PIN-Code von *Du bist* nur noch für positive Attribute: *Du bist die Beste! Du bist wunderbar!* Das wirkt wie ein Bann, und die inneren Saboteure lassen Sie in Ruhe.

Makelfixierung

Nach einem Vortrag kam eine Zuhörerin zu mir und bat mich um einen Rat bezüglich ihrer pubertierenden Tochter. Sie zeigte mir ein Foto, und ich sah ein sehr hübsches Mädchen.

»Meine Tochter ist viel beschäftigt mit Instagram, und ständig kritisiert sie ihr eigenes Aussehen, weil sie sich mit anderen vergleicht. Jeden Tag nörgelt sie an ihrem Aussehen herum und ist besonders besessen davon, dass sie zu kurze Beine hätte«, sagte mir die Frau mit kummervoller Stimme. »Connie, das bricht mir das Herz. Ich liebe sie so sehr. In meinen Augen ist sie vollkommen und wunderschön. Doch wenn ich ihr das sage, hört sie mich nicht mal. Ich bin verzweifelt, und es tut weh, meine Tochter derart gefangen zu erleben in ihrer eigenen Selbstablehnung. Wie nur kann ich ihr da raus helfen?«

Ja, die Tochter war tatsächlich gefangen. Ein innerer Saboteur, der ihr einen Makel einredete, hatte sie fest im Griff. Als könnte ein Mensch einen Makel haben wie eine Maschine!

Leider höre ich so etwas in letzter Zeit öfter. Wir sind an dieser Stelle des Buches sozusagen noch in der Anamnese, der Bestandsaufnahme. Die Lösung und Heilung bringen wir später ans Licht. Doch an dieser Stelle möchte ich kurz eine erste Hilfe geben. Der verzweifelten Mutter riet ich: »Jedes Mal, wenn Ihre Tochter einen Satz beginnt, den ihr ein innerer Saboteur diktiert, zum Beispiel ›Ich bin zu dick‹, ›Ich bin zu klein‹ etc., soll sie ihrer Mama zwei Eigenschaften nennen, die ihr an ihr selbst gefallen.« Das wäre schon eine neue Strategie, um sich aus der Gefangenschaft des Makel-Saboteurs zu befreien.

Alles Weitere folgt im letzten Drittel des Buches, denn wenn wir beginnen, uns wirklich über unsere innere Buddha-Natur bewusst zu werden, können wir nicht mehr so leicht an einem Makel leiden. Wie sollte ein Makel das helle Leuchten unseres inneren Buddhas verdunkeln können? Das ist schlichtweg nicht möglich.

Auf die Spitze treiben und lachen …

Gerade wenn wir auf einen angeblichen Makel fixiert sind, verlieren wir den Humor. Wir sind fixiert im »Ich«. Erinnern Sie sich … That is trouble! Eine weitere von vielen Möglichkeiten, mit diesen Saboteuren umzugehen und die Fixierung zu lösen, ist Lachen. Wie soll das gehen, fragen Sie sich womöglich, denn wie sollen Sie über Ihr Leid lachen? Das Zauberwort heißt: übertreiben. Treiben Sie Ihren Kummer lösungsorientiert auf die Spitze, sodass Sie nur noch lachen können.

Ich bleibe beim Beispiel der Beine: Die Beine sind zu kurz? Okay, was kann man tun. Verlängern? Ist möglich. Allerdings kommen dabei nur wenige Zentimeter raus. Es ist eine sehr, sehr schmerzhafte Operation mit ungewissem Erfolg. Manchmal ist danach ein Bein länger als das andere. Die Krankenkasse bezahlt den sehr teuren Eingriff nicht. Folgeschäden können auftreten, die Beine knicken unerwartet ein oder zucken unkontrolliert. Was also kann man tun … Stöckelschuhe? Oder besser noch: Stelzen. Stelzen wären ideal. Mit Stelzen im Bus, geht wahrscheinlich nur in einem Doppeldecker. Also Umzug nach London. Mit Stelzen im Büro … Malen Sie sich das alles so detailliert wie möglich aus, und auf einmal sind Sie befreit von dem fixierten, makelorientierten »Ich«, sprich Saboteur. Durch die Übertreibung gewinnen wir einen klaren Blick und vor allem diesmal wirklich einen gesunden Abstand von dem Saboteur. Wir kommen wieder auf den Boden der Tatsachen. Innere Saboteure neigen dazu, uns in die Umlaufbahn der Illusionen zu schießen. Und von dieser Erkenntnis aus kann man dann sehr viel tun, nämlich auch andere Strategien finden, um die Länge der Beine zu akzeptieren, um sich überhaupt einmal ohne Selbstabwertung mit den Beinen zu beschäftigen: Sie tragen mich durchs Leben! Ohne Beine könnte ich nirgends hingehen! Ohne meine Beine wäre das Leben … arm.

Gedankenkarussell

Neigen Sie zum Gedankenkarussell? Ist Ihnen die Endlosschleife innerer Bilder bekannt, die nichts Gutes bedeuten? *Es wird bestimmt schlecht ausgehen … Sie werden mich auslachen …* Oder dass Sie fast zwanghaft an bevorstehende Ereignisse denken im Sinne von: *Hoffentlich bekomme ich einen guten Sitzplatz im Flieger, hoffentlich haben sie im Hotel weiche Kopfkissen.* Oder Sie wälzen Beziehungsprobleme: *Warum ist er immer so?*

Nun, er ist so, wie er ist, und wenn Ihnen das Kopfkissen Kopfzerbrechen bereitet, kann ein Anruf im Hotel die Frage klären. Viele Themen aus dem Gedankenkarussell könnten geklärt werden. Doch sie kleben in ihrer Gondel und kreisen und kreisen und kreisen – ein untrügliches Indiz dafür, dass ein innerer Saboteur schwarzfährt.

Sie sollten also dringend überprüfen, ob Sie in einem Gedankenkarussell festsitzen. Im Gegensatz zum Karussell auf der Kirmes hat das nämlich einen Motorschaden: Es hält nie an. Deshalb ist das Kassenhäuschen auch leer. Ein Gedankenkarussell ist ein Minusgeschäft, und Sie bezahlen es. Durch das gedankliche Durchexerzieren von negativen Situationen – ob sie nun in der Vergangenheit oder der Zukunft liegen – schüttet Ihr Körper Stresshormone aus. Seitdem die Medizin durch bildgebende Verfahren mitverfolgen kann, was im Gehirn geschieht, wissen wir, dass es für die Ausschüttung vieler Hormone keine Rolle spielt, ob etwas tatsächlich passiert oder nur in der Vorstellung. Das Stresshormon Cortisol aktiviert den Stoffwechsel und sorgt für eine Extraportion Energie – um den Stress zu bewältigen.

Das ist erst mal gut, denn im Stress brauchen wir vermehrt Energie. Nach einer gewissen Zeit sollte der Cortisolspiegel allerdings wieder sinken. Doch wenn der Chef, ein Mensch, in seinem Gedankenkarussell sitzt, wird daraus nichts. Der Chef dreht sich auf hohem Stressniveau mit Vollgas im Kreis – und falls das zu lange dauert, der Stress also chronisch wird, kriegt man nicht bloß ein Schleudertrauma, sondern mindestens Konzentrations- und Schlafprobleme und steuert auf einen Burn-out zu. Der Körper kann aber auch die Notbremse ziehen, vielleicht mit einer psychosomatischen Erkrankung. Aber dann wechselt der Chef oft nur die Gondel und dreht weiter, nun allerdings um ein anderes Thema.

Sie sehen, wie wichtig es ist, aus diesem Gedankenkarussell auszusteigen. Das Fatale ist: Wir merken oft gar nicht, dass wir tagein, tagaus im Kreis heiß laufen, sobald wir mit nichts anderem beschäftigt sind. Wir sind daran gewöhnt, in den Zeiten, in denen wir uns gerade nicht aktiv mit etwas beschäftigen, ins Gedankenkarussell einzusteigen. So schön die Kirmes im echten Leben sein kann, so bedrückend wirkt sie als Gedankenkarussell auf die Lebensqualität. Die Bude mit den Glückslosen ist weit entfernt irgendwo auf der Erde, unerreichbar, wenn man hoch oben kreiselt. Und auch alles andere, was es sonst auf dem Boden der Realität gibt, von Zuckerwatte bis hin zu gebrannten Mandeln, von Arm in Arm mit einem lieben Menschen zu einem Gefühl der Verbundenheit mit anderen und auch manchem Moment der Stille. Ganz einfach: im Jetzt sein. Wer im Gedankenkarussell unterwegs ist, befindet sich nicht im Jetzt. Sonst wäre er ausgestiegen.

Nagende Selbstzweifel

Etwas ist geschehen. Es ist nicht mehr zu ändern, eine Entscheidung ist getroffen. Sie haben Ihrem Lebensgefährten gesagt, dass Sie es nicht leiden können, wenn er pfeifend durch die Wohnung läuft; Sie haben Ihrer Chefin erklärt, dass Sie sich einen neuen Job suchen, wenn Sie kein ruhigeres Büro bekommen; Sie haben den

Kaufvertrag für ein Auto unterschrieben oder das Menü für die silberne Hochzeit Ihrer Eltern festgelegt.

Aber war das richtig so? *Hätte ich nicht vielleicht ...*

Die Würfel sind gefallen. Anstatt das zu akzeptieren und aus der Gegenwart heraus tatkräftig die Zukunft anzupacken, wird die Entscheidung ständig infrage gestellt. Und das ohne die ernsthafte Absicht, etwas zu ändern. Diese Fragen nagen und bohren, und so wird man selbst immer weniger und kleiner. Das schlägt nicht nur auf den Magen, sondern auch auf die Lebensfreude, denn wenn das Ereignis dann eintritt, ist man zwiespältig. Die quälenden Zweifel haben die Freude verschlungen. Und so fährt man dann mit dem neuen Auto nach Hause, das beim Kauf unbedingt rot sein sollte, ist nun aber sicher, dass blau besser gewesen wäre, viel besser, und außerdem ist es sowieso die falsche Marke, und es hätte ein Kombi sein müssen.

Dieser Ort, an dem du gerade bist

Diesen Ort, an dem du gerade bist,
Hat Gott für dich auf einer Karte eingekreist.
Ich könnte dir ein unschätzbares Geheimnis
Über deinen wahren Wert enthüllen, lieber Pilger,
Doch jede Unfreundlichkeit dir selbst gegenüber,
Jede Verwirrung über andere
Wird dich davon abhalten,
Die Gnade, die Liebe,
Die erhebende Freiheit anzunehmen,
Die das göttliche Wissen immer für dich bereithält.

Daniel Ladinsky: *Ich hörte Gott lachen*, Gedichte inspiriert von Hafiz

Müssen!

Bereits beim Aufwachen kann die To-do-Liste des Müssen-Saboteurs uns antreiben. Es gibt so viel zu tun, und alles *muss* gemacht werden. Hart, häufig im Befehlston, jagt uns dieses Müssen durch den Tag. Abgekoppelt vom Herzen galoppiert der Saboteur von einer Aufgabe zur nächsten. Ich erinnere mich an die Weihnachtswerbung eines Supermarkts, in der die Eltern in ihrem Müssen rotierten. Sie hetzten vom Aufhängen der Weihnachtsbeleuchtung vor dem Haus zum Großreinemachen im Haus und zum Plätzchenbacken und übersahen die traurigen Augen ihrer beiden Kinder, die sie dabei beobachteten. Gefangene im Müssen … das kennen wir alle. Es soll doch schön sein, deshalb muss ich … In der Werbung wachten die Eltern durch eine sanfte Berührung der kleinen Tochter auf, die ihre Mutter zum Innehalten brachte. Die Eltern lösten sich von dem Saboteur des Müssens, weil sie die Liebe zu ihren Kindern fühlten. Das Müssen wurde, angedockt an die Liebe, zu einem Wollen. Selbstbestimmt und nicht fremdbestimmt. Beim Müssen kontrolliert uns unser Saboteur. Beim Wollen entscheiden wir uns für unsere eigenen Werte, zum Beispiel Liebe, Freude, Freiheit – Weihnachten feiern, wie wir es uns wünschen.

Selbstabwertung

Dieses eindeutige Kennzeichen für das Vorhandensein innerer Saboteure habe ich auf den vorhergehenden Seiten bereits einige Male erwähnt. Ob beim Blick in den Spiegel oder beim ganz normalen »Herabsetzen«, wenn wir nicht nett zu uns sind: Ist es nicht seltsam, dass wir zu anderen Menschen oft freundlicher sind als zu uns selbst? Bei uns haben wir gelegentlich sogar Probleme mit der Höflichkeit. Natürlich, ein gewisses Maß an Selbstkritik ist wichtig, doch zwischen gesunder Kritik, Motivation und Zielen, die man sich setzt, und Selbstabwertung oder gar -demontage besteht ein Riesenunterschied. Es schmerzt mich, wenn sich meine Klienten schon so sehr an ihre ständige Selbstabwertung gewöhnt haben, dass sie ihnen gar nicht mehr auffällt. Manche sagen sogar: »Ich hasse mich.« Doch ich weiß, dass dies ihrer mangelnden Erkenntnis geschuldet ist. Sie hassen nämlich »nur« einen Teil von sich – einen inneren Saboteur.

Also werden Sie hellhörig – innerlich und äußerlich. Wann sprechen Sie schlecht über sich selbst? »Typisch ich, keine Ahnung von nichts.« – »Mann, bin ich blöd!« Und wann denken Sie: »Wie konnte ich nur annehmen, jemand würde sich über mich freuen?«

Seien Sie nett zu Ihrem Lieblingsmenschen

Machen Sie sich bewusst, dass Sie mit Ihren inneren Saboteuren den Menschen verletzen, der Ihnen am nächsten steht. Ohne Sie gäbe es Sie nicht! Wenn das nicht ein Grund ist, nett mit sich umzugehen!
Haben Sie sich eigentlich schon mal bei sich selbst entschuldigt für die eine oder andere unschöne Bemerkung, die Sie sich im Lauf Ihres Lebens an den Kopf geworfen haben?

Gefühlschaos

»Ich kann nicht mehr«, schluchzte die Klientin am Telefon. »Was soll ich nur machen? In einem Moment ist mir ohne jeden Zweifel klar, dass ich diesen Mann liebe. Ich will mit ihm zusammenleben, ich kann ohne ihn nicht sein. Im nächsten Moment spüre ich die Angst, mein Gott, wie soll das nur gehen! Er hat eine andere Nationalität, kennt unsere Kultur nicht. Er wird sich bestimmt nicht so einfach in die Arbeitsmentalität hier eingliedern können. Das wird eine Katastrophe. Dann kommt wieder das Gefühl der inneren Lebendigkeit, dass ich ja gerade dieses Unangepasste, Ungezähmte, Wilde so anziehend finde. Aber das Risiko ist viel zu groß. Was nur soll ich tun? Ja oder nein …«

Oft wünschen wir uns in solchen Momenten, jemand möge für uns entscheiden. Denn es scheint, als wären wir unfähig, eine Entscheidung zu treffen, da wir das Feld den inneren Saboteuren überlassen haben: nicht nur einem, sondern einem ganzen Rudel. Wenn wir den Mut haben und das Wissen, wie wir diese Saboteure anhören und ihre Ängste und Einwände respektieren können, dann lernen wir, das Gefühlschaos zu entwirren, um dann zu einer weisen Entscheidung zu gelangen. Denn tatsächlich haben all die Teile, die Ja rufen, genauso ihre Berechtigung wie die Saboteure, die Nein brüllen. Mehr dazu in der zweiten Hälfte des Buches.

Im Gefühlschaos brauchen wir manchmal eine klare Unterstützung von einem kompetenten Coach, um auf den Grund des wahren Themas zu kommen. So war das auch bei meiner Klientin Sabrina: Sie berichtete ausführlich über ihre schwierige Kommunikation mit ihren Mitarbeitern und wie unerträglich die Situation geworden ist. Nach einigen tiefer greifenden Fragen brach ihre »Businessfrau« zusammen, und sie erzählte mir, worunter ihr Herz wirklich litt: »Ich bin so kribbelig und unruhig. Zu Hause ist alles so sicher, dass es irgendwie langweilig geworden ist. Ich möchte mal wieder auf den Putz hauen, auf den Tischen tanzen und mich wieder sexy und erotisch fühlen. Aber ich bin verheiratet. Ich schäme mich, dass ich überhaupt so was denke … und schuldig und schrecklich … Und, und …«

Es war ein großes Rudel von Saboteuren, die Sabrina in ihrem Inneren traktierten. Kein Wunder, dass sie so erschöpft war.

Was sollen denn die Leute denken?

Oft erzählen mir meine Klienten, dass sie sich Gedanken darüber machen, was andere Leute von ihnen halten. Bis zu einem gewissen Grad ist das weit verbreitet, wenngleich es nichts bringt. Erstens wissen wir nicht, ob wir uns irren. Zweitens verbrauchen wir damit nur kostbare Zeit, die wir auch dem Leuchten unserer inneren Buddha-Natur, der Meditation und anderen schönen Dingen widmen könnten.

Unvergessen ist mir eine Klientin, die mir kummervoll schilderte, dass eine Kassiererin im Lebensmitteldiscounter sie komisch angeschaut hätte. Daraufhin hatte die Klientin ihre Kleidung und Frisur überprüft, aber keinen Makel an sich feststellen können, sodass sie die Waren auf dem Band kritisch musterte, ob diese den als abschätzig interpretierten Blick der Kassiererin hervorgerufen hätten. Wohlgemerkt: Wir *wissen* nicht, ob die Kassiererin meine Klientin komisch angeschaut hat oder die Frau den Blick nur so gedeutet hat. Und selbst wenn die Kassiererin sie komisch angeschaut hätte, könnte ich ein ganzes Buch über Gründe schreiben, die alle nichts mit der Klientin zu tun hätten. Denn die Kassiererin lebt in ihrer eigenen Welt, in der die Kundin vielleicht gar keine Rolle spielt.

Für meine Klientin gab es nur einen Grund: Mit ihr hatte irgendetwas nicht gestimmt, und genau das wollte ihr die Kassiererin mitteilen. Um dem auf die Spur zu kommen, grübelte sie stunden-, wenn nicht tagelang. Sie grübelte auch häufig über ihre Begegnungen mit anderen Menschen nach, immer mit dem Fokus, was diese über sie denken würden. Dieses Verhalten, ein eindeutiges Zeichen für innere Saboteure, ist ein Phänomen von Menschen, die auf der Suche nach Antworten sind. Aus Unwissenheit suchen sie nicht im Leuchten ihrer Buddha-Natur, sondern außerhalb von sich selbst, in diesem Fall bei einer Kassiererin. Vielleicht hätte die Kassiererin mit ihrer eigenen Buddha-Natur das Licht in meiner Klientin erhellen können, doch so weit war es nicht gekommen. Meine Klientin war schlussendlich zu der Überzeugung gelangt, dass sich die Kassiererin über das »schlechte Essen«, das sie eingekauft hatte, mokiert hätte.

Wenn wir alles oder vieles persönlich nehmen, können wir davon ausgehen, dass ein innerer Saboteur angesprungen ist. Er zeigt uns, dass wir noch nicht gefestigt sind und unseren Leitstern noch nicht gefunden haben. Den hat auch der folgende Perfektionist nicht gefunden, wenngleich er vorgeblich alles daransetzt, ihn zum Leuchten zu bringen. Womit er ihn naturgemäß verdunkelt, wie Sie nun bereits wissen, da unbedingtes Müssen ein Indiz für innere Saboteure ist.

Perfektionismus

Ein sehr perfektionistisch veranlagter Klient hatte sich enorme Mühe gegeben, für seine Familie eine wirklich großartige Weihnachtsfeier zu veranstalten. Zwei Wochen vor dem großen Tag begann er einzukaufen, nur das Beste war gut genug, um seinen Lieben ein unvergessliches Erlebnis zu schenken. Voller Freude eilte er am Weihnachtstag nach dem Frühstück zwischen Küche und Wohnzimmer hin und her und kochte und dekorierte. Es sollte der perfekte Abend werden. Pünktlich trafen die Gäste ein. Nach einem Begrüßungscocktail wollte er den ersten Gang servieren und entdeckte zu seinem großen Schrecken, dass die Basilikumblätter, die er am Tag zuvor besorgt hatte, braune Flecken angesetzt hatten. Seine Vorstellung von diesem ersten Gang – die leuchtend roten Tomaten mit dem blendend weißen Mozzarella und dem frischgrünen Basilikum – fiel zusammen wie ein missglücktes Soufflé. Vor Wut und Enttäuschung musste er kurz die Wohnung verlassen, um sich von dieser Kränkung zu erholen. Richtig genießen konnte er den Abend erst nach der Ente. Immerhin sie war so gelungen, wie er es sich vorgestellt hatte.

Der Hang zum Perfektionismus kann uns mehr als nur das Leben vergällen. Wenn unsere Lebensberechtigung von unseren Leistungen abhängt – und genau das ist das Perfide am Perfektionismus –, dann schneidet uns das ab von unserer Liebe zu uns selbst, unserem Leben und dem Göttlichen in uns.

»Wenn das Soll zum Muss wird«, hat der sympathische Psychiater Dr. Raphael M. Bonelli es beschrieben in seinem Buch *Perfektionismus.* Die innere Bauchstimme wird zum harten Müssen. Das, was noch nicht den hohen, fast überirdischen Erwartungen genügt, wird nicht zu einer motivierenden Einladung zum Wachsen und Lernen, zur Entwicklung. Sondern es wird zum knallharten Albtraum. Wie viel Schönes bleibt dabei auf der Strecke, vor allem auch, wenn der Perfektionismus den eigenen Körper zum Schlachtfeld kürt. Wir denken bei Perfektionismus oft nur an berufliche Themen, doch er kann sich auch in der verzweifelten Jagd nach dem perfekten Körper oder dem perfekt sauberen Badezimmer erschöpfen und so schließlich die gesamte Lebensfreude zerstören.

Einer Seminarteilnehmerin, Regina, wurde bewusst, wie sehr dieser Perfektionismus sie ausbremste. Sie liebte ihren Beruf als Fachärztin – er war ihre Berufung –, und sie genoss auch im Kollegenkreis höchste Anerkennung. Immer wieder wurde sie eingeladen, Vorträge zu halten. Doch sie lehnte ab. »Ich habe keine Zeit. Ich widme mich lieber meinen Patienten. Ich kann auch nicht gut vor Publikum präsentieren.« Und viele Ausreden mehr. Gleich eine ganze Bande innerer Saboteure traktierte sie: Selbstzweifel, Angst vor Ablehnung, Perfektionismus und mehr. Erst als sie ihr Bewusstsein auf das höhere Ziel lenkte, der Welt etwas zu geben, erst als sie sich mit den Werten verband, die sie und ihre Berufung nährten, nämlich Liebe für die Menschen und die Freude, ihr Wissen und ihre Erfahrung mit anderen zu teilen, überwand sie den Perfektionismus-Saboteur. Heute liebt sie es, ihr Wissen in Vorträgen weiterzugeben, und erzählt sogar manchmal von ihrer früheren Saboteurin Miss Perfect, die sich heute noch kurz vor einem Auftritt meldet. »Aber dann klopft mir Regina die Königin auf die Schulter und sagt: ›Du schaffst das.‹«

Die Schmerzen auf dem Weg zur Auflösung

Denn Hafiz versteht die Leiden
Deines Herzens.
Hafiz kennt
Die Qualen und Schmerzen,
Die jeder Geist auf dem Weg
Zur Auflösung in die Sonne
Ertragen muss.
Deshalb halte ich nachts in meinen Gebeten
Oft inne und bitte tausend Engel, sie mögen einstimmen
Und alles,
Alles auf dieser Welt willkommen heißen,
Was dein Herz nur irgendwie zu trösten vermag!

Daniel Ladinsky: *Ich hörte Gott lachen*, Gedichte inspiriert von Hafiz

Depression und psychosomatische Erkrankungen

Und schließlich: Leiden Sie an Depressionen oder hat sich Ihr Unglück in einer Krankheit manifestiert? Das ist nicht nur ein Anzeichen dafür, dass innere Saboteure am Werk sind, sondern ein Alarmsignal: Die Saboteure drohen, das Steuer zu übernehmen. Daran können wir sie hindern, wenn wir sie im nächsten Kapitel erst einmal richtig kennenlernen, um daraus Strategien abzuleiten, wie wir sie zähmen und als gutes Team gemeinsam für unsere Ziele arbeiten. Denn so sieht Lebensfreude aus: Mit vereinten Kräften voraus!

Der gute Geist des Buddha sagt: Lerne zu sehen, was wirklich ist. Wir können unseren Geist trainieren und dadurch dauerhaft seelische Gesundheit und Glück erlangen – und unseren inneren Saboteuren freundlich zuwinken, die dann längst auf dem Altenteil sitzen, weil die aufgetauten Kellerkinder mit uns weiterwachsen. Denn dann haben wir unsere Probleme gründlich durchdacht und immer wieder festgestellt, dass viele Dinge, über die wir uns aufregen, so überflüssig sind wie ein Kropf. Oder dass sie unsere Möglichkeiten und Fähigkeiten übersteigen – wozu also sollten wir uns aufregen? Oder dass wir damit nur Klatsch und Tratsch verbreiten und schlechte Energie aufkochen. Und außerdem: Haben wir uns über die bekannten Stressthemen nicht schon so oft aufgeregt, dass es jetzt auch mal genug ist? Man kann doch mal was Neues ausprobieren, sonst wird's ja langweilig.

DAS GÖTTLICHE WI-FI: REZITIEREN

Die erste Säule meiner spirituellen Praxis ist die Meditation, die zweite das Rezitieren. Es verbindet mich manchmal so schnell mit meiner inneren Buddha-Natur und dem Quantenfeld, dass ich selbst erstaunt bin. Eine Rezitation ist eine stets gleiche Abfolge von Worten. Sie sind wie eine PIN, mit der wir uns auf einer bestimmten Website einloggen, nämlich auf der von Buddha. Was soll mit dieser starken Verbindung noch schiefgehen? Wir sind in unserem Herzen vereint mit dem strahlenden Licht des Göttlichen.

Da Millionen von Menschen seit Jahrtausenden rezitieren, ist ein starkes elektromagnetisches Feld entstanden, und indem wir rezitieren, verbinden wir uns mit diesem Kraftfeld, werden gestärkt und zentriert. Unser Geist wird wieder klar und durchflutet von Licht. Dadurch können sich unsere Gedanken sortieren und klären, und wir finden erstaunlich gute Lösungen für unsere täglichen Herausforderungen.

Eines meiner Lieblingsmantras gehört zu den Klassikern: *Om mani padme hum.* Die weitverbreitete Übersetzung bedeutet: »O du Juwel in der Lotosblüte«. Wörtlich sollte man diese Übersetzung ohne Kontext nicht nehmen, zumal sie in unseren Breiten, wo Lotosblumen nicht zur heimischen Flora zählen, auch schwer vorstellbar ist. *Om mani padme hum* bedeutet, dass wir um Unterstützung bitten bei unserer Entwicklung, unserem Streben nach dem Licht. Wir Menschen sind wie die bereits beschriebene Knospe einer Lotosblüte, die zuerst im Schlamm steckt und sich nach und nach durch die Belehrungen Buddhas öffnet. Das Juwel symbolisiert Buddha und die Erleuchtung. Indem ich das Mantra rezitiere, rufe ich diesen Buddha in mir an, damit die Lotosblüte durch alle Phasen der Reifung als erleuchteter Geist über dem Wasser erblüht – was unzählige Inkarnationen dauern kann. Doch in jedem Leben kann ich, wenn ich das Gesetz von Karma, also von Ursache und Wirkung, berücksichtige, ein Stück näher zum Licht gelangen.

Alles ist auf komplexe Weise miteinander verbunden. Wie genau, wie tief, wie umfassend, das kann nur ein erleuchteter Meister sehen. So wie eine winzige Menge Gift töten und aus einem kleinen Samenkorn ein starker Baum wachsen kann, so hat auch alles, was wir tun, was wir sagen, was wir denken, wie wir uns verhalten, Konsequenzen. Das ist das Prinzip von Ursache und Wirkung.

Das Sanskrit-Wort *Karma* hat spätestens seit dem Bestseller *Mieses Karma*, in dem eine zur Ameise verdonnerte Frau sich über diverse Reinkarnationen »hochdient«, in unserer Sprache Fuß gefasst. In bestimmten Kreisen gehört es fast zum guten Ton, jedes Missgeschick mit einem achselzuckenden »Blödes Karma erwischt« zu kommentieren, als könnte man Karma erwischen wie eine Grippe oder einen Zug. Doch Karma stößt einem nicht zu, es ist nicht das Gleiche wie Schicksal. Das Wort bedeutet »Handlung« und »Tat«. Karma ist nicht passiv, sondern aktiv: Es beschreibt sowohl die Kraft, die in unseren Handlungen verborgen liegt, als auch die Ergebnisse, die unsere Handlungen hervorbringen. Und das ist kein Fluch, sondern ein in unserem Alltag sehr nützlicher Segen, wie der Dalai Lama in seiner Autobiografie erklärt: »Sobald man einmal an eine Beziehung zwischen Ursache und Wirkung glaubt, entwickelt man eine größere Sensibilität den eigenen Handlungen und denen anderer gegenüber.«

Die Folgen unserer Handlungen holen uns ein, in diesem oder einem anderen Leben, auch ohne dass wir uns an den Ursprung erinnern. Deshalb sollten wir scheinbare Kleinigkeiten nicht abwertend beurteilen. Steter Tropfen höhlt den Stein, auch wenn es viele Jahre oder gar Jahrzehnte dauern mag. Sogyal Rinpoche zitiert im *Tibetischen Buch vom Leben und Sterben* Buddha: »Du bist, was du warst; und du wirst sein, was du tust.« Und er sagt mit den Worten von Padmasambhava, einem Meister aus dem 8. Jahrhundert: »Wenn du dein vergangenes Leben kennenlernen willst, schau deine jetzigen Umstände an. Wenn du dein zukünftiges Leben erkennen willst, schau deine gegenwärtigen Handlungen an.«

Das Rezitieren von Mantras erinnert uns immer wieder daran, was wirklich wichtig ist im Leben. Durch die Verbindung mit dem göttlichen Leuchten stärken wir unsere Kräfte, die es uns möglich machen, über die äußere Welt der Erscheinungen und Illusionen hinauszuwachsen. Einer meiner Lieblingsplätze auf dieser Welt ist Bodnath, ein Vorort von Kathmandu in Nepal. In Kathmandu gibt es eine große Enklave von tibetischen Klöstern und Tibetern, die nach der chinesischen Besetzung nach Nepal geflohen sind. Als ich vor einiger Zeit im Januar rezitierend um die Boudha Stupa gegangen bin, berührten mich besonders die alten tibetischen Frauen und Sherpas, die gefühlt schon zwanzig Mal auf dem Mount Everest waren. Sie waren tief versunken in ihrem täglichen Ritual – im Leuchten ihrer Buddha-Natur, dem Strahlen ihrer Augen, ihre Hände voller Schwielen nach einem arbeitsreichen Leben ließen sie Perle für Perle die Gebetskette weitergleiten: *Om mani padme hum.* Still bewegten sich ihre Lippen, pausenlos. Ich denke oft an sie, würde mich gern in ihren Kreis einreihen, und hoffe, dass ich eines Tages wieder nach Nepal reisen kann. Für die Tibeter gehört die spirituelle Praxis ganz selbstverständlich zum Leben. Denn sie mindert Leid, und die Freude vermehrt sich.

In der spirituellen Autobiografie von Tina Turner habe ich gelesen, dass sie oft stundenlang chantet, also rezitiert. Dies, so lässt sie uns wissen, hat ihr geholfen, aus den dunkelsten Zeiten ihres Lebens ans Licht zu gelangen. Zuweilen glauben Mantra-Neulinge, das Rezitieren würde sie weg aus ihrem Leben führen, denn es koste so viel Zeit. Das Gegenteil ist der Fall. Wir rezitieren uns erst so richtig hinein in unser Leben, aber nicht in das von Samsara, sondern in das Leuchten unserer inneren Buddha-Natur. Je mehr ich rezitiere, desto geborgener fühle ich mich in meiner spirituellen Zuflucht; sie ist mein Zuhause. Ich rezitiere, wann und wo immer sich die Gelegenheit dazu ergibt, auch im Auto, beim Wäschesortieren oder wenn ich irgendwo warte. Ich kann es ja in meinem Inneren für mich tun. Oder ich höre es mittels kleiner Zauberknöpfe in den Ohren.

Deva Premal, die ich sehr verehre, hat die Mantras wundervoll vertont. Musik berührt uns am meisten, und es ist für manche Menschen einfacher, sich von der Musik in die Mantras tragen zu lassen. Wenn wir ohne Musik rezitieren, fällt es den inneren Saboteuren leichter, uns zu stören: *Was soll das, es erinnert mich an Kirche, so ein Blödsinn, hast du nichts Besseres zu tun* und so weiter. Im Anhang habe ich einige Internetadressen zum Rezitieren für Sie aufgelistet, die ich gerne empfehle, falls Sie sich eine Anleitung wünschen.

Meiner Ansicht nach kann man kaum etwas Besseres zu tun haben, als zu rezitieren. Beim Rezitieren werden auch die inneren Dialoge leiser. Es wird stiller in uns – also genau das, was wir eigentlich wollen. Ist es nicht so? Wir vergessen uns selbst, die ichbezogenen Themen verblassen, und mit der Wiederholung des Rezitierens dieser aufgeladenen Worte verändert sich das Gefühl im Körper, und das Bewusstsein richtet sich an unserer leuchtenden inneren Buddha-Natur aus. Das wäre sozusagen unser Norden auf dem inneren Kompass.

Rezitieren ist für mich ein Allheilmittel. Unvergessen ist mir eine Lebensphase, in der ich großen Kummer hatte. Eine bezaubernde und intensive Liebesbeziehung war zerbrochen. Niemals hätte ich mir das vorstellen können, so perfekt schienen wir zusammenzupassen, und doch war es geschehen. Eine unendliche Traurigkeit senkte sich über mich, und es fiel mir sehr schwer, meinen Alltag zu leben. Doch wenn ich Seminare leitete, konnte ich nicht als Häufchen Elend vor den Teilnehmern stehen. Sie bezahlten mich dafür, dass ich sie in guten Zustand brachte, anstatt ihnen mein gebrochenes Herz zu präsentieren. Doch es wäre eine Lüge gewesen, ihnen etwas vorzuspielen.

Viele Menschen, die antreten, andere zu motivieren, kennen dieses Dilemma. Was macht man, wenn man vor einer Gruppe steht, die man mit positiver Energie beflügeln soll, obwohl einem gerade eher nach Weinen zumute ist?

Es war mir immer sehr wichtig, meine Arbeit von meinem Privatleben zu trennen und trotzdem authentisch und wahrhaftig zu sein. Und so komme ich zu meinem Zaubermittel: Rezitation! Rezitieren führte mich damals aus der Dunkelheit meines Liebeskummers. Auch wenn ich abends im Hotelzimmer Tränen vergoss, so stand ich tagsüber sicher und klar und in Verbindung mit meiner Buddha-Natur vor meinen Teilnehmern. Und morgens schwang ich mich meditierend und rezitierend auf jeden Einzel-

von ihnen ein. In der Rezitation trat mein »Ich« mit seinem Elend in den Hintergrund. Mein Geist war wieder mit Buddha verbunden und dem höheren Ziel für den bevorstehenden Tag. Auch wenn Teile von mir sich noch im Trauerprozess befanden, konnte ich durch die Rezitation an den leuchtenden Buddha andocken. Dabei unterstützt ganz hervorragend die Metarezitation.

Mögen wir in unserem Herzen wohnen

»Möge ich in meinem Herzen wohnen,
möge ich sicher und geborgen sein,
möge ich Heilung und Frieden finden.
Möge ich glücklich sein.«

Dies ist eine sehr kraftvolle Gute-Wünsche-Rezitation, die eine tiefe Bedeutung für mich hat. *Möge ich in meinem Herzen wohnen* heißt, möge ich in meiner inneren Buddha-Natur wohnen, in der Wärme meiner Seele. Möge ich durch milde Augen blicken, nicht durch einen scharf sezierenden Teil meiner Persönlichkeit.

Möge ich sicher und geborgen in mir sein heißt, nicht in der Angst verharren, die uns hart- und kaltherzig macht, erstarrt in der Furcht. Nicht gefangen in der Enge des »Ichs«, sondern angstfrei und geborgen in dem inneren Buddha. Möge ich also nicht bedürftig sein, sondern im Fluss.

Möge ich Heilung und Frieden finden und meine inneren Saboteure erkennen, da sie ja der Heilung und dem Frieden entgegenstehen. Möge ich lernen, liebevoll Frieden zu schließen mit allen meinen Schattenseiten und sie zu heilen, indem ich sie liebevoll annehme. Möge ich in diesem Prozess lernen, immer wieder zu reflektieren, um ein weises, fühlendes Wesen zu sein, das sich nicht im Drama der Persönlichkeit verliert.

Möge ich glücklich sein heißt, dass ich immer wieder in Verbindung mit dem Göttlichen in mir bin. Mit dem Buddha in mir verbunden sein ist Glück. Pures, strahlendes, leuchtendes Glück, die höchste Stufe: intrinsisches Glück, unabhängig von allem, was außen um mich herum geschehen mag, egal ob es regnet oder schneit oder die Waschmaschine kaputt ist und ich Single bin und das Auto nicht anspringt. Innerlich bin ich verbunden. Diese Verbundenheit verstärkt das Gefühl: Ich bin getragen von dem Göttlichen in mir. Während ich dies schreibe, merke ich, dass wir nichts so nötig brauchen in der anstrengenden Zeit der Pandemie wie genau diese Gewissheit.

Diese wunderschöne Rezitation kann ich erweitern auf andere Menschen, vielleicht erst auf jemanden, der mir nahesteht: »Mögest du in deinem Herzen wohnen, mögest du sicher und geborgen sein, mögest du Heilung und Frieden finden. Mögest du glücklich sein.« Und dann können wir den nächsten Schritt tun und an Menschen denken, die uns nicht so nahestehen, ja an Menschen, mit denen wir vielleicht gerade im Clinch liegen. Am besten, wir bereiten uns mit dieser Rezitation auf die nächste Begegnung mit ihnen vor – die dann aller Voraussicht nach anders verlaufen wird als befürchtet, denn wir haben uns mit unserer inneren Buddha-Natur mit der Buddha-Natur der anderen verbunden. Das ist besonders ratsam, wenn ein mögliches Drama droht, vielleicht weil aus dem Keller die Dämpfe eines giftigen Süppchens dringen, das dort bereits brodelt. Nicht nur aus unserem Keller, auch aus dem Keller unseres »Kontrahenten«, der durch diese Meditation und Rezitation zu einem Menschen wie wir wird, mit seinen eigenen Saboteuren. So nähren wir Verständnis füreinander. In unserer Dreidimensionalität sind wir verschieden, und das ist völlig in Ordnung. Gleichzeitig, auf einer höheren Ebene, sind wir nicht getrennt, sondern in Verbindung:

Mögen wir in unserem Herzen wohnen.
Mögen wir sicher und geborgen sein.
Mögen wir Heilung und Frieden finden.
Mögen wir glücklich sein.

Die Tarnkleider der inneren Saboteure

Wir wissen nun schon eine Menge über die Verkleidungen der inneren Saboteure. Manche zünden sogar Nebelbomben, um ihren aus der Angst und einem Mangelbewusstsein geborenen Antrieb zu verschleiern. Wer gibt schon offen zu: Ich bin neidisch (weil du nach Südamerika reist). Es ist deutlich angenehmer vorzugeben, man mache sich Sorgen (weil dort die Drogenbosse herrschen).

Da die Botschaften der inneren Saboteure nicht mit dem Verhaltenskodex der Gesamtpersönlichkeit übereinstimmen, müssen sie sozusagen eingeschmuggelt werden. Erinnern Sie sich an die beiden Freundinnen? Als die eine der anderen unterstellte, sie hätte es auf ihren Schwarm abgesehen, nur um zu verschleiern, dass sie von ihrer Freundin enttäuscht war, weil sie ihre Pläne, aufs Land zu ziehen, sabotierte, was die Freundin aber auch nur tat, weil sie ihrerseits nicht zugeben konnte, dass sie ihre Freundin vermissen würde … Beide litten am gleichen Schmerz und hüllten ihn in einen Tarnanzug, in diesem Fall mit Stacheldraht garniert. Das ist ganz typisch für Saboteure, deren Ziel es ist, ihre wahren Beweggründe zu vertuschen. Es geschieht allerdings unbewusst, denn sie glauben sich ja im Recht. In dem Augenblick, wo eine Teilpersönlichkeit im Regiesessel Platz nimmt, blicken wir durch ihre Augen auf die Szene. Wir sind keine reifen Persönlichkeiten mehr, sondern bewegen uns im Wahrnehmungskonstrukt eines fröstelnden Kellerkindes. Hochdramatische, traurige, paradoxe, tränenreiche, zornige, manchmal aggressive Stoffe werden in diesen Szenen verfilmt. Den Drehbüchern fehlt der Überblick und auch der Durchblick. Es ist ein wildes Sichausagieren aus der Zeit gefallener Kellerkinder, das gleichzeitig so gut getarnt ist, dass wir manchmal wirklich Schwierigkeiten haben, den Bluff zu erkennen. Denn, und das muss man wissen: Die Requisiteure, Maskenbildner und Garderobieren der Kellerkinder sind famos. Die machen aus einem rechthaberischen Kind eine Miss Superschlau, und wer glaubt, die Zicke dahinter zu erkennen, irrt noch immer. Wenn überhaupt, dann sprechen wir von einem Zicklein.

Maras – die Schleier über dem Buddha

Im Buddhismus nennen wir die Einflüsterer Maras. Als Buddha unter dem Bodhibaum kurz vor der Erleuchtung war, kamen die Maras in Gestalt von schönen Frauen, die ihn weglocken wollten. Es folgten Maras in Form von Reichtum und viele andere Versuchungen, die Buddha jedoch nicht verführen konnten. Buddha blieb tief versunken im göttlichen Quantenfeld, und sein Geist wurde mit diesem Licht vollkommen durchdrungen und erleuchtet.

Maras sind deshalb so gefährlich, weil wir sie mit unserer wahren Persönlichkeit verwechseln können. Sie sind mit allen Wassern gewaschen, inszenieren ein perfide perfektes Theater der Illusionen. So wickeln sie uns in der Komfortzone ein, denn sie wollen ja nicht, dass wir uns entwickeln. *Alles ist doch gut so, wie es ist. Magst du noch ein Glas Wein? Nein, du bist nicht faul, wie kommst du nur auf diese Idee. Es ist wichtig, dass man sich auch mal ausruht. Hast du schon ins Fernsehprogramm geschaut? Schließlich muss man wissen, worüber die Leute sprechen. Nein, du bist doch nicht spießig, du hast deine Nachbarin einfach darauf aufmerksam gemacht, dass sie ein bisschen zu unordentlich ist. Das war sehr nett von dir. Andere würden sich so was gar nicht trauen. Du brauchst dir keine Vorwürfe zu machen, die Schuld liegt eindeutig und unzweifelhaft bei den anderen. Deshalb werfen sie dir ja auch ständig so komisches Zeug vor, weil sie einfach nicht damit klarkommen, dass du so ein starker und unabhängiger Charakter bist. Vielleicht noch ein paar Erdnüsschen zum Wein?*

Nein danke, würden wir ablehnen, wenn wir mit unserer inneren Buddha-Natur verbunden wären. Wir müssen nicht schuld sein, wir müssen gar nichts, und wir wissen, dass wir nicht besser sind als die anderen und dass Reinwaschungen eher verdächtig sind. Einen Menschen mit blütenreiner Weste gibt es nicht.

Je öfter wir uns im göttlichen Quantenfeld aufhalten, desto weniger Chancen haben die Maras. Kein Wunder, dass sie uns dort rauslocken wollen. Es geht also darum, die Augen zu öffnen und im Licht unserer Buddha-Natur sehend zu werden: Wir sind göttliche Wesen. Und zu fühlen: Wir sind in göttliche Liebe gebettet. Und auf die echte wahre Stimme zu hören, die Stimme Buddhas in uns, nicht die Stimme der Maras. Wir sind auf dieser Erde, um uns zu entwickeln, und nicht, um unseren inneren Saboteuren zu folgen, die verhindern wollen, dass wir unseren Geist zum Leuchten zu bringen. Mit unserem neuen Verständnis, dass wir fluide Wesen sind, keine festen, unveränderlichen Persönlichkeiten, können wir die Saboteure bändigen und lernen, sie zu transformieren. Sodass wir mehr und mehr zu dem Buddha werden, der wir sind.

Den Anfang des Weges zu finden ist manchmal nicht so leicht, da wir in der Regel gewohnt sind, den Verlockungen zu folgen. Doch sobald wir uns aufgemacht haben, hüpft unser Herz vor Freude. Wir merken, dass es die richtige Entscheidung ist. Alles in uns wird weit und hell. Dinge, die uns vorher aus der Bahn warfen, haben kaum mehr Macht über uns. Ja, der Weg der Liebe verändert das ganze Leben. Die Knospe der Lotosblume steigt auf.

Die Energiefelder der Saboteure ziehen uns hingegen runter. In ihnen schwingt Mangelbewusstsein. Etwas fehlt mir. Ich will aber gar nicht nachforschen, was genau mir fehlt, und die gute Absicht dieser Fehlermeldung herausfinden, weil ich sonst eventuell mit Schmerzen und Scham konfrontiert wäre. Genau davor will ich mich schützen, deshalb habe ich das outgesourct, deshalb sind die anderen schuld. So denke ich, um mich zu schützen. Der Plan geht aber nicht auf, es gelingt nicht, die negative Energie von mir fernzuhalten. Auch wenn man sie bei anderen glaubt zu sehen, trifft sie einen, das ist das Gesetz von Ursache und Wirkung. Wenn ich jemanden abwerte, werte ich mich selbst ab. Wenn ich schlecht über jemanden spreche, wirkt es, als hätte ich schlecht über mich selbst gesprochen, denn das Schlechte ist ja durch mich hindurchgeflossen.

Wenn ich lüge oder betrüge, wenn ich gegen die Lehren verstoße, die im Buddhismus achtfacher Pfad heißen, dann begebe ich mich in das Energiefeld des Mangels. Da kann ich noch so triumphieren, dass ich jemanden ausgetrickst hätte. Letztlich fällt es auf mich zurück, alles fällt auf mich zurück, das Gute und das Schlechte. Das macht die Entscheidung, wie ich leben möchte, was ich denken und sagen möchte, wie ich mich verhalten möchte und was ich tue und lasse, sehr einfach für mich. Jeder Tag steckt voller Herausforderungen, und es macht mir große Freude, den achtfachen Pfad des Buddhismus zu beschreiten, den die inneren Saboteure meiden wie der Teufel das Weihwasser. Der achtfache Pfad ist quasi eine Gebrauchsanleitung für den Geist, wie wir achtsam durch dieses Leben gehen und beharrlich auf dem Pfad bleiben, um diesen Geist zum Leuchten zu bringen – um die Lotosblüte aus dem Schlamm an die Wasseroberfläche wachsen zu lassen.

Des Kaisers neue Kleider

Vielleicht kennen Sie dieses Märchen von Hans Christian Andersen. Es handelt von einem Kaiser, der sich von zwei Betrügern für teures Geld neue Gewänder weben lässt. Die Betrüger wiegen den Kaiser in der Illusion, seine neuen Kleider wären so ungewöhnlich und besonders, dass sie nur von Personen gesehen werden könnten, die wirklich klug und würdevoll wären. Deshalb gibt der Kaiser nicht zu, dass er die Kleider, die ihm die Betrüger überreichen, selbst nicht sehen kann. Auch sein Volk lobt die herrlichen Kleider. Bis ein Kind ruft: »Der Kaiser ist ja nackt!«

Die kostbaren Gewänder waren Illusion … doch weil alle daran glaubten oder doch glauben wollten, schienen sie wahr zu sein. Nur das Kind ist mutig, und mit seiner inneren Buddha-Natur verbunden erkennt es die nackten Tatsachen. Es lässt sich nicht hinters Licht führen, weil es selbst im Licht steht.

Es gehört Mut dazu, den Maras auf die Schliche zu kommen, da viele Menschen um uns herum ihnen huldigen. Das ist der Konsens unserer Konsumgesellschaft. Doch das Glück, das wir als Buddha-Naturen erfahren, ist größer, als wir es uns in unserer Komfortzone jemals vorstellen können, wo es meistens an materiellen Dingen gemessen wird: an der Macht, dem Einfluss, dem Ruhm. In ihrer spirituellen Autobiografie *Happiness* schreibt Tina Turner über »den wertvollsten Teil meines Lebens«. Ein Superstar, der alles, was er im Leben erreicht hat, unter die spirituelle Praxis einordnet! Die Klarheit in dieser Passage hat mich sehr beeindruckt. Vielleicht fiel es Tina ein bisschen leichter als nicht so berühmten Menschen, denn sie ist eine enorm disziplinierte Frau. Wer an der Spitze stehen will, braucht Disziplin

Dieselbe Disziplin benötigen wir aber auch für unsere tägliche Praxis. Kaum möchten wir meditieren, fallen ein paar Maras über uns her. *Mach doch erst mal die Steuer, du musst noch die Handtücher sortieren, wolltest du nicht noch deine Freundin anrufen, wolltest du nicht noch dies und das und jenes?* Nein, wollte ich nicht, ich will jetzt in die Räume, die nur mir gehören, weil sie allen gehören, ich will in die …

DIE SPIRITUELLE PRAXIS

Die tägliche Praxis ist keine Pflicht, sondern die Kür! Ein roter Teppich für unseren Alltag, vielleicht lädt er sogar zum Tanzen ein. Ein roter Teppich für uns selbst, weil wir uns freuen, dass wir am Leben sind. Weil wir uns wertschätzen. Weil Buddha in uns leuchtet. Es ist wundervoll, dass du hier und heute an diesem Morgen an diesem Ort auf der Erde aufgewacht bist. Dieses Wunder vergessen wir so oft, wir halten es für selbstverständlich, und alles, was selbstverständlich ist, beachten wir kaum mehr. In unserer spirituellen Praxis werden wir unserer Lebendigkeit gewahr, die im ganz alltäglichen Wahnsinn in den Hintergrund geraten kann. Jetzt ist Für-mich-Zeit – Buddha-Zeit. Idealerweise früh am Morgen bereiten wir uns auf den Tag vor. Ein heiliger Raum in der Zeit, mein Zeitraum, meine Raumzeit. Ein Frühstück für die Seele, das mich für den Tag fit macht. Es versorgt mich mit allem, was ich brauche, und abends bedanke ich mich für viele Stunden der Fülle. Ich bin gut versorgt mit den essenziellen Nährstoffen Liebe und Licht, für immer und unendlich. Die Wärme ist nicht begrenzt auf die Minuten meiner Meditation. Ich werde durch den Tag getragen in der Energie der Meditation. Und am nächsten Morgen versenke ich mich abermals in meine Raumzeit, in meinen Zeitraum.

Viele Menschen glauben, Meditation sei lediglich der Zustand während des »Sitzens«. Doch in Wirklichkeit schwingen wir weiter in den Wellen des Lichts, unsere ganze Existenz verändert sich durch regelmäßiges Meditieren. Wir sind verbunden mit dem göttlichen Bewusstsein, und diese Verbindung hält. Wir haben im Quantenfeld angerufen, wir sind online. Dieser Anruf ist das Einzige, was wir tun müssen, die Leitung steht von Haus aus, vom Himmel aus, weil wir spirituelle Wesen sind. Aber wenn wir uns nicht aktiv einwählen, rutschen wir automatisch zurück in die üblichen inneren Dialoge. Unsere Gedanken plappern, unsere inneren Saboteure lästern, wir verzetteln uns in Meinungen, Befindlichkeiten, Tratsch und Klatsch und negativen Gefühlen. Wir werden unbeweglich und richten es uns fast schon gemütlich ein im Elend, das wir vielleicht wortreich beklagen: Ich würde ja gern, aber …

Wir kleben an unserer Persönlichkeit wie auf dem Sofa. Letztlich brauchen wir für das Training unseres Geistes die gleiche Entschiedenheit wie für unser Kreislauf- und Muskeltraining – dranbleiben, um eine Veränderung zu erreichen. Wie beim Sport motivieren uns die ersten kleinen Veränderungen. Mit der Zeit fällt es immer leichter, die Disziplin aufrechtzuerhalten. Während wir beim Fitnesstraining härter werden und Fettgewebe in Muskulatur verwandeln, werden wir in der spirituellen Praxis lichter, weicher, weiter und vor allem sanfter. Und gleichzeitig kraftvoll, weise und stark.

Die drei Pfade – Meditation, Rezitation und Atem – führen uns in das wunderbare Land unserer Buddha-Natur. In der Leere respektive im Quantenfeld der grenzlosen Möglichkeiten üben wir uns darin, uns frei von unserer Persönlichkeit das Unvorstellbare vorzustellen. Wir sind dabei nicht hart zu uns und verlangen uns noch zwanzig Sit-ups ab oder legen noch mehr Gewicht auf die Hanteln, sondern wir betrachten uns durch die milden Augen des

Buddhas – ohne nachlässig zu werden. Wir dürfen Fehler machen, wir dürfen scheitern, wir dürfen … Mensch sein. Menschen sind nicht vollkommen, sie sind unterwegs in ihrer Entwicklung: fluide Wesen. Deshalb gibt es auch keinen Wettbewerb beim Meditieren und keinen Zwang und keine Ziele, die unbedingt erreicht werden müssen.

Doch wir benötigen Disziplin. Und dann lass dich weich nieder in deinem Atem. Mehr gibt es nicht zu tun. So einfach … und so schwierig, weil wir eben daran gewöhnt sind, ständig etwas zu tun. Hier in diesem Zeitraum der Raumzeit, im Quantenfeld von Licht und Liebe tust du alles und mehr, indem du nichts tust. Willkommen.

Unsere innere Buddha-Natur lotst uns an Gefahren vorüber und warnt uns vor den Fallen der inneren Saboteure. Die aus der Zeit gefallenen Kellerkinder sind enorm liebesbedürftig, ängstlich, verzweifelt und unsicher oder auch wütend und quengelig. Sie nutzen jede Chance, uns zu stören, wenn auch im Glauben, uns zu helfen. Doch dabei entsteht so viel Leid für uns und andere. Indem wir unsere spirituelle Praxis kultivieren, erleben sie uns in einer heilenden Form von Zuwendung, sie verwandeln sich und nutzen immer weniger Gelegenheiten, uns von unserem Glück abzuhalten. Unsere Verbindung ins Quantenfeld schafft die Voraussetzung, damit wir uns den Kellerkindern mit Liebe und Mitgefühl zuwenden – wie auch allen anderen Herausforderungen des Alltags. Tappen wir dennoch in die eine oder andere Falle, dann finden wir viel leichter, flexibler und mit mehr Humor einen Ausweg und neue Lösungen.

Es ist allerdings ein Irrtum zu glauben, wir würden, wenn wir spirituell praktizieren, nie mehr in den Fängen von inneren Saboteuren landen. Wir sind Menschen. Wir sind fehlbar. Doch wir sind nun achtsam, merken es schneller, befreien uns rasch. Durch die Disziplin der täglichen Praxis vergegenwärtigen wir uns mehr und mehr, dass wir nicht unsere Saboteure sind. Wir identifizieren uns nicht mehr mit ihnen. Wir schauen nicht durch ihre unwissenden, ablehnenden Augen auf uns selbst, sondern durch die liebenden Augen des Buddhas.

Der Atem führt uns ins Licht

Atmen Sie?

Bestimmt, denn Sie lesen. Wer atmet, lebt. Auch wenn er oder sie das zuweilen vergisst. Atmen ist wie der Herzschlag, wir denken nicht darüber nach. Stimmt. Doch jeder Atemzug birgt die Möglichkeit, dieses Lebendigsein intensiv zu spüren und uns im Atemstrom mit unserer inneren Buddha-Natur zu verbinden.

Unser Leben beginnt mit einem Einatmen. Unsere Lunge hat sich zum ersten Mal mit Luft gefüllt. Eines Tages wird unser Leben enden mit einem Ausatmen. Unsere Lunge wird zum letzten Mal Luft freigeben. Bis dahin liegt eine unbestimmte Anzahl von Atemzügen vor uns. Ich atme. Ich bin. Du atmest. Du bist. Im Atem sind wir miteinander verbunden. Alle Lebewesen atmen, ein und aus, dieselbe Luft, und die Bäume machen sie sauber. Ja, auch Bäume atmen. Sie nehmen Kohlendioxid auf, geben Sauerstoff ab, feuchten die Luft an und filtern Schadstoffe heraus. Wenn wir ganz genau hinsehen, erkennen wir an jedem Blatt, wo der Baum atmet: durch kleine Spalten, die sich öffnen und schließen.

Alles ist im Fluss. Alles lebt, und der Atem verbindet alles mit allem. Sie können dieses Buch lesen, ohne zu meditieren und ohne zu rezitieren. Doch ohne zu atmen, wäre es nicht möglich. Jahre, Jahrzehnte vergehen. Unser Atem trägt uns durch das Leben.

In der Meditation konzentrieren wir uns auf unseren Atem, er führt uns über unseren Körper in unseren Geist. Das ist besonders wichtig, wenn uns ein innerer Saboteur im Griff hat. Ohne es zu merken, atmen wir dann nämlich flach, das innere Leuchten unserer Buddha-Natur erscheint gedimmt. Besonders wenn wir gestresst sind. Wenn wir Angst haben, können wir nicht mehr frei atmen, halten die Luft an. Das ist ein Paradox, denn eigentlich bräuchten wir jetzt besonders viel Luft. Sicher haben Sie schon einmal Tipps gehört – dass man in Stresssituationen tief durchatmen soll, auch drei Mal bewusst, ehe man auf eine provozierende Bemerkung antwortet. Das bewusste Atmen schenkt uns Klarheit, bringt uns zur Vernunft, wir lassen uns nicht so leicht zu Dingen hinreißen, die uns später vielleicht leidtun: Wie konnte ich nur!

Eine Atempause hilft dabei, uns zu konzentrieren, zu fokussieren und zu deeskalieren. Ein tiefes Ein- und Ausatmen schafft geistigen Zwischenraum – zwischen uns und anderen. Wir können uns wieder besser wahrnehmen. Zu uns zurückkommen. Und es schafft Zwischenräume in unseren Gedanken – Freiraum zum Nachdenken und zum Erschaffen neuer Gedanken. Was im Alltag als kleine Hilfe dient, ist in der Meditation eine tiefe Erkenntnis: der Atem als Verbindung zwischen Körper und Geist.

Unser Atem ist wie ein PIN-Code, um die Spannung aus dem Körper zu lösen und in die innere Freiheit zu gelangen. Wenn wir in den unbewussten Zwängen unserer inneren Saboteure gefangen sind, haben wir oft den Eindruck, wir hätten keine Wahl – das größte aller Leiden, denn dann sind wir ohnmächtig. Wir sind nicht in der Lage, selbstbestimmt zu entscheiden, unser eigenes Leben zu leben.

Durch eine tägliche spirituelle Praxis besänftigen wir unsere inneren Saboteure und sind den automatisch ablaufenden Zwänn und negativen Gefühlen, den Zweifeln und der Angst nicht mehr schutzlos ausgeliefert. Stattdessen entwickeln wir ein neues Bewusstsein dafür, uns in die wahre Größe der uns innewohnen Buddha-Natur auszudehnen, über das dreidimensionale alltägliche Leben hinaus. Die Saboteure schrumpfen, die Probleme werden kleiner, wir fühlen uns groß und stark, strahlend in der Kraft des Buddhas.

Die Wim-Hof-Methode

Ein großer Moment in meinem Leben war die Entdeckung der Wim-Hof-Atmung. Wim Hof, dieser für mich faszinierende wilde Mann, motiviert täglich neue Fans, mit einer ungewöhnlichen Methode den biochemischen Prozess im Körper so zu verändern, dass wir tiefer in die Meditation gelangen und unser Bewusstsein lenken können. Auf erfrischende und mitreißende Weise demonstriert er, was mittlerweile wissenschaftlich bestätigt ist: dass nämlich unser Atem entscheidend ist, wenn wir unseren inneren Zustand verändern wollen, also auch, wenn wir unsere inneren Saboteure transformieren. Bei *YouTube* finden Sie zahlreiche Anleitungen in verschiedener Intensität und Dauer, um die Wim-Hof-Methode zu praktizieren. In kurzer Zeit schenkt sie uns ein neues Körpergefühl, bringt Weite in den Körper, verändert das Hormonsystem, stärkt das Immunsystem und baut eine Brücke, über die wir uns mit dem Buddha verbinden können.

Ich glaube, dass der Erfolg der Wim-Hof-Methode darin liegt, dass die Veränderung so schnell spürbar wird. Moderne Menschen neigen bekanntermaßen zur Ungeduld. Schon zehn Minuten am Morgen reichen aus, eine kurze Investition für einen Tag, an dem uns nichts so leicht aus der Ruhe bringt. Wir sind tief bei uns angekommen, tief in die Stille eingetaucht, haben uns intensiv verbunden mit unserem inneren Leuchten. Es wellt weiter durch den Tag. Wir sind eingeloggt im Quantenfeld des göttlichen Bewusstseins.

Buddha am Morgen vertreibt Kummer und Sorgen

Mit einem tiefen Bedauern denke ich manchmal an die vielen Morgenstunden in meinen Zwanzigerjahren zurück, als ich noch vollkommen ahnungslos war. Meine Morgenroutine bezog sich allein auf den Körper: Dusche und Co. Im Anschluss beschäftigte mich die damals sehr wichtige Frage: Was ziehe ich an? Das schicke Kostüm oder kneift es noch immer, also lieber das Vorhangkleid? Und wenn der Vorhang fiel, hatte ich schlechte Laune, die mich eine Weile beschäftigte, vielleicht gab es auch noch ein kleines Malheur beim Schminken, Wimperntusche an der Augenbraue. Und immer war ich zu spät dran, sodass ich abgehetzt im Office erschien, ohne zu ahnen, dass meine inneren Saboteure diesen Tag bereits fest im Griff hatten. Ich wollte alles richtig und gut machen, doch das kostete mich oft viel Kraft, denn ich musste ständig die in mir schwelenden Konflikte unter Kontrolle halten.

Heute ist mir schleierhaft, wie ich das damals geschafft habe. Wie viel Energie das gekostet hat! Es hätte so viel einfacher sein können, wenn ich meine Aufmerksamkeit nicht nur auf mein äußeres Erscheinungsbild, sondern auch auf meinen Geist gerichtet hätte. Doch für mich gab es nur den Körper, das Gesicht, die Haare. Ich vergaß, meinen Geist zu reinigen, zu frisieren und frisch zu machen für den Tag!

Heute weiß ich, dass ich damit alles in die Wege leite, damit ein Tag nur so flutscht. Wenn ich morgens zur Haustür hinaustrete, ist mein Geist vorbereitet auf alles, was vor mir liegt, und weil er vorbereitet ist, werde ich auch Situationen, auf die ich nicht vorbereitet bin, gut meistern können. Mit Buddhas Licht als Leitstern wirft mich nichts aus der Bahn.

Am besten ist es, wenn wir unserer spirituellen Praxis mindestens denselben Stellenwert einräumen wie unserem Aussehen. Um die Auswirkungen zu verdeutlichen, werde ich jetzt mal ein bisschen drastisch: Wahrscheinlich gehen Sie nicht mit ungeputzten Zähnen aus dem Haus. Warum aber mit einem ungeputzten Geist?

Wenn Sie das Haus ohne Zähneputzen verlassen, werden Sie vermutlich den ganzen Tag über nicht in Ihrer Kraft sein. Sie werden sich gehemmt fühlen. Immer wieder wird es Ihnen siedend heiß einfallen. Sie werden sich bei anderen Menschen vielleicht seltsam benehmen, weil Sie glauben, sie könnten die fehlende Zahnhygiene bemerken. Sie werden vielleicht mit der Zunge an den Zähnen entlangstreifen und einen Belag finden. Alles sehr störend.

Auch in Ihrem Geist kann sich Belag ansetzen, darauf siedeln mit Vorliebe innere Saboteure, so wie sich auf Zahnbelag Bakterien ansiedeln.

Unzählige Male haben mir Menschen erzählt, dass sie morgens keine Zeit hätten. Gerade in der Früh würde die Zeit rasen, da könnten sie nicht auch noch meditieren.

»Probier es doch einfach einmal aus«, rate ich. »Aber nicht nur einen Tag, sondern sei dir zwei Wochen spirituelle Praxis wert.«

Meistens beginnt in diesen zwei Wochen die Verwandlung. Meine Klienten merken, wie viel sich verändert durch diese neue Art und Weise, den Morgen zu begehen. Sie verlieren keine Zeit, sondern gewinnen Zeit, weil sie gelassener und mit Buddhas Licht in den Tag starten. Schließlich höre ich immer wieder von meinen verblüfften Klienten: »Ich hätte es nicht für möglich gehalten, aber was ich für Zeitverschwendung gehalten habe, spart mir Zeit, weil ich gelassener bin und geistig beweglicher. Wenn etwas nicht so läuft wie beabsichtigt, hänge ich daran nicht fest, sondern passe mich geschmeidig der jeweiligen Situation an. Ich ärgere mich weniger, ich rege mich weniger auf, ich nehme meine Kollegen anders wahr. Das ist Lebensqualität! Eine halbe Stunde Meditation reicht mir gar nicht mehr. Ich stehe sogar gern früher auf, damit ich mehr Zeit habe, und ich komme leichter aus dem Bett, und das gut gelaunt!«

Der Morgen ist so herrlich still. Ich genieße es und freue mich jeden Tag aufs Neue auf die Meditation, das Atmen, das Rezitieren. Anders kann ich mir den Morgen nicht mehr vorstellen. Es käme mir ebenso wenig in den Sinn, in einer unbekannten Stadt in ein fremdes Auto zu steigen und ohne Navi zu einer unbekannten Adresse zu fahren. Es ist viel entspannender, wenn die Strecke im Navi programmiert ist. Dann kann ich mich auf die Umgebung konzentrieren, die Landschaft genießen. Ich weiß, dass mein Navi mich sicher ans Ziel bringt, Buddha, mein Leitstern. Abends geleitet er mich genauso nach Hause, wie ich es mir morgens vorgestellt habe, als ich den Tag plante und mein zukünftiges Selbst visualisierte, das abends mit Freude diesen Tag gelebt hat.

Jeden Morgen in meiner Meditation öffne ich mein Herz für die grenzenlosen Möglichkeiten, die beste Version von mir selbst zu leben. Ich verbinde mich von Seele zu Seele mit all den Menschen, denen ich heute begegnen werde. Auch wenn ich noch gar nicht weiß, wer das alles sein wird. In der Meditation ist das möglich. Mit dem innigen Wunsch, ich möge in meinem Herzen wohnen und sicher und geborgen sein, entsteht die innere Vorstellung von einer selbstbewussten, entspannten, heiteren und zentrierten besten Version von mir selbst.

Wenn mein Bewusstsein sich im Alltäglichen verliert, orientiert sich mein Unbewusstes an dieser besten Version von mir. Ich finde wieder ins Mitgefühl, in die Achtsamkeit und in den liebevollen Umgang. Das alles geschieht ohne willentliche Anstrengung. Wir wollen ja nicht »Heilige spielen«, die über alles erhaben sind, sonst hat uns eine Saboteurin im Griff, und wir wirken künstlich und bemüht. Wir sind menschlich fühlende Wesen! Als solche werten und bewerten wir. Wie sollen wir uns auf der Persönlichkeitsebene sonst zurechtfinden in dieser Welt? Wir können das nicht ausschalten, doch wir können unsere inneren Vorurteile mindern und großzügiger und wohlwollender mit anderen Menschen umgehen. Gleichzeitig auch Grenzen setzen, wenn nötig. Innehalten, bevor wir ungebeten in ein mögliches Drama einsteigen und uns zu schnell einmischen. Wir werden resilienter, das heißt unter anderem, dass wir annehmen, was wir nicht ändern können. *Möge ich die Dinge sein lassen können.* Die Verbindung von Seele zu Seele in der Morgenpraxis beinhaltet den Wunsch und die Absicht: *Möge ich in Verbindung mit dem Buddha in mir die weisen Worte für meine Klienten und Seminarteilnehmer finden.* In dieser besten Version von mir selbst stelle ich mir vor, dass der leuchtende Buddha in mir durch meine Augen strahlt, hörbar ist in der Frequenz meiner Stimme, spürbar ist über meine Berührung und weiterwellt, einfach da ist, allumfassend und immerwährend. Das übergeordnete Ziel, die wehende goldene Zielfahne in meinem inneren Navigationssystem ist der Buddha, und dieser Leitstern trägt mich durch den Tag. Auch wenn ich am Morgen noch nicht genau weiß, was der Tag bringen wird, so weiß ich doch, mit welchem Gefühl mein zukünftiges Selbst am Abend die Haustür aufschließen wird. Dieses Gefühl der Freude, dass das, was zu tun war, leicht getan werden konnte, dass ich viel Gutes geschafft habe, meditiere ich in die Zukunft, damit ich als beste Version von mir selbst in der Gegenwart nach Hause komme. Genauso meditiere ich auf die Menschen, die ich voraussichtlich an diesem Tag treffen werde, und verbinde meine Buddha-Natur mit ihrer, sodass wir uns möglichst nicht in sabotierenden Teilpersönlichkeiten verheddern, sondern uns auf der leuchtenden Ebene unserer strahlenden Buddhas liebevoll begegnen.

Viele Probleme lassen sich mit einer guten inneren Vorbereitung ausschalten. Verzichten wir darauf, machen wir es den inneren Saboteuren leicht, die schon darauf lauern, auf dem Regiestuhl Platz zu nehmen. Es liegt an uns, wie wir leben wollen …

Für einen guten Start in den Tag, eignet sich perfekt die zweite Meditation: Vorbereitung auf den Tag mit Buddha

Wahlfreiheit

Sobald wir erkennen, dass wir die Wahl haben, eröffnet sich eine neue Welt für uns – eine Alternative zum Geistesgift der Unwissenheit. Wir machen die Erfahrung, dass wir keine Opfer unserer Umstände sind, sondern die Wahl haben, wie wir leben wollen. Als Marionetten unserer inneren Saboteure oder mit dem strahlenden Leitstern unserer Buddha-Natur.

Jeden Morgen haben wir die Wahl, ob wir uns unserer spirituellen Praxis widmen. Bei jeder Begegnung mit einem anderen Menschen haben wir die Wahl, ob wir unsere Buddha-Natur mit seiner verbinden. Jedes Mal, wenn uns ein Gedanke bewusst wird, können wir entscheiden, ob wir in diese Richtung weiterdenken möchten. Bei jedem Satz, den wir aussprechen, haben wir die

Wahl, ob wir ihn wirklich sagen möchten. Niemand zwingt uns – außer ein innerer Saboteur führt Regie. Dann verlieren wir unsere Freiheit … doch wir gewinnen sie auch immer schneller zurück, weil wir ja jetzt wissen, dass es eine Alternative zur Ichbezogenheit und zum Korsett des Müssens gibt.

Jeder ist seines Glückes Buddha. Ist das nicht großartig? Ja, aber … für manche Menschen ist das fast zu viel Verantwortung. Sie empfinden sie nicht als Geschenk, sondern als Bürde und würden es bevorzugen, die Verantwortung abzugeben. An den Partner, den Chef, sogenannte Autoritäten. Andere sollen ihnen sagen, wo es langgeht, dann sind sie nicht schuld, wenn es die falsche Richtung war. Ein verlockendes Angebot? In der Welt von Samsara: Ja. Aus dem Blick eines erwachten Bewusstseins: Nein. Sonst entfernen wir uns von uns selbst und haben früher oder später das Gefühl, im falschen Film zu leben, im falschen Leben zu stecken. Und auf einmal wohnen wir im Keller, weil wir uns mit unseren inneren Saboteuren überidentifiziert haben.

Sie sind die Chefin, Sie sind der Chef in Ihrem Haus! Sie bestimmen darüber, welche Teilpersönlichkeiten sich wann wo aufhalten und wer im Regiesessel Platz nimmt. Sollte es Ihnen Angst machen, plötzlich für alles verantwortlich zu sein, die Schuld nicht mehr bei anderen suchen zu können – was oberflächlich betrachtet ja durchaus angenehm sein kann –, dann hat sich ein Saboteur eingeschmuggelt.

Wenn ich einen anderen Job hätte, könnte ich.
Wenn ich fünf Kilo weniger wöge, würde ich.
Das mag schon sein, dass das bei manchen Leuten klappt,
aber nicht bei mir, weil bei mir nämlich nie was klappt.

Ich würde ja schon gern, aber mein Mann ist dagegen.
Wenn meine Kindheit anders verlaufen wäre und ich mehr Selbstbewusstsein hätte …

Auf all diese Zweifel gibt es nur eine Antwort: Wenn nicht jetzt, wann dann?

Wie wäre es, morgen früh mit einem Energieschub zu beginnen? Die spirituelle Praxis ist ein Heilmittel gegen alle Zweifel und schenkt uns Zuversicht, Mut, Gelassenheit.

So wachsen wir Tag für Tag mit Buddhas gutem Geist in ein neues Selbst.

DIE BESTE VERSION VON MIR SELBST

Wann immer wir uns gut fühlen, glücklich sind, verbunden mit dem göttlichen Quantenfeld, transformieren wir unsere Saboteure. Je öfter wir in den Quanten wandeln, desto mehr werden auch unsere inneren Saboteure berührt von diesem Feld. Wenn sie uns dann doch wieder packen, können wir mutiger und liebevoll, ohne Scham oder Angst lernen, sie voller Mitgefühl zu heilen. In der besten Version von uns selbst haben innere Saboteure alle Chancen, transformiert zu werden. Wir sind in der Energie unserer spirituellen Praxis gesegnet – mit Licht und Liebe!

Aus buddhistischer Sicht ist diese beste Version ein klarer Geist, der seine wahre Natur, nämlich das Leuchten des Buddhas, durch sein ganzes Wesen und Verhalten, durch sein Fühlen und Denken in die Welt bringt. Die beste Version von uns selbst ist kein statischer Zustand, sondern eine kontinuierliche Entfaltung und Weiterentwicklung. Alle unsere inneren Saboteure werden nach und nach transformiert – dies ist der Weg des Buddhas, der unter dem Bodhibaum frei von inneren Saboteuren alle Aspekte verwandelt hatte in dem Kontinuum von Wachsen und Wandeln zum Wohle aller.

Sie merken schon, dass diese beste Version anderen Gesetzen folgt als die Versionen, die wir gephotoshopt in Zeitschriften sehen. Die beste Version von uns selbst hat nichts mit unserem Gewicht, der Länge unserer Haare oder einer samtenen Haut zu tun. Die beste Version von uns selbst ist der Ausdruck der Entfaltung unseres inneren Potenzials. Sie hält sich fern von Perfektionismus, denn er gehört in den Keller zu den Saboteuren.

Die da unten träumen auch von einer besten Version, allerdings sieht diese anders aus. Jeder innere Saboteur möchte in seinem Film perfekt sein. Doch diese Filme sind Klischees in engen Korsetten, man kann sich kaum bewegen, geschweige denn einmal richtig tief durchatmen. Sie schnüren uns so stark ein, dass wir gar nicht in Versuchung geraten, unser Potenzial zu erkunden, uns auszuprobieren, uns zu entdecken und auszudehnen in das göttliche Quantenfeld. So klein und eng und starr sind die scheinbar besten Versionen der inneren Saboteure. Auch wenn sie angepriesen werden mit Verlockungen. Wenn, dann … Lassen Sie sich nicht in die Irre leiten! Auch nicht von einem inneren Saboteur, der Ihnen ein perfektes Ich verspricht. Ein perfektes Ich ist ein Gefängnis.

Manuela kam in der Pause eines Seminars zu mir, weil sie seit Monaten über ihre Zukunft nachgrübelte und sich nicht entscheiden konnte, welche Option sie wählen sollte. Umziehen, Fernbeziehung und einen neuen Job annehmen oder alles beim Alten belassen, zumal das Alte ja nicht schlecht war. Doch genauso lockte sie die Herausforderung einer Veränderung. Sie bat um meinen Rat, wie sie mit diesem Hin und Her umgehen sollte.

Ich riet ihr: »Sieh dich selbst heute in einem Jahr in deiner besten Version. Dieses zukünftige Selbst von dir hat die beste Entscheidung getroffen in Bezug auf deinen Job, in Bezug auf deinen Wohnort, in Bezug auf deine Beziehung. Diese beste Version von dir selbst siehst und fühlst du nun jeden Tag vor dir, und du st sie mit jedem Atemzug. Ja, diese beste Version von dir selbst lt und leuchtet voller Glück, denn sie hat die für dich richtige Entscheidung getroffen.«

Verwirrt sah Manuela mich an: »Ich weiß aber nicht, welche die richtige Entscheidung ist.«

»Genau. Deshalb intensivierst du deinen inneren Fokus auf dieses zukünftige Selbst, das die Entscheidung bereits getroffen hat. Du verbindest dich in der Meditation mit diesem zukünftigen Selbst. Spürst bereits, wie sich das anfühlt, die genau richtige Entscheidung getroffen zu haben. Dieses Gefühl nimmst du dann zurück in die Gegenwart in deinem Herzen. Jeden Tag. So bringst du deine Energiefrequenz hoch und beginnst, mit den genau richtigen Möglichkeiten, die sich bieten werden, in der nächsten Zukunft zu resonieren. Dann wirst du im genau richtigen Zeitpunkt die für dich genau richtige Entscheidung treffen.«

Der Paradigmenwechsel besteht darin, dass wir nicht erst wissen müssen, wo wir ankommen wollen. Wir machen uns vielmehr von unserem Ziel aus auf den Weg, aus der Position des bereits Angekommenseins und mit dem Gefühl, es vollbracht zu haben. Wir trainieren uns in der besten Version von uns selbst. Und das können wir erweitern auf unser ganzes Leben:

Wie sieht meine beste Version von mir selbst aus am Ende meiner Zeitlinie, bevor ich diesen Körper verlasse? Es ist eine strahlende Lichtgestalt, die in einem gesunden Körper lebt, in tiefer Verbindung mit dem göttlichen Quantenfeld, durchdrungen von Freude, Liebe und Weisheit. Mein Geist ist klar. Ich spüre ein überwältigendes Gefühl von Dankbarkeit für dieses erfüllte Leben, das war und ist. Ich bin umgeben von wunderbaren Menschen und in tiefer Verbindung mit allem, was ist.

Entscheidungen treffen

Wie sieht meine beste Version von mir selbst in einer Beziehungskrise aus?

»Soll ich mich trennen oder nicht?« Mit dieser Frage kommen Klienten häufig ins Coaching, und für gewöhnlich wird sie seit Wochen, wenn nicht Monaten oder Jahren mit sich selbst diskutiert, ohne Ergebnis, was, Sie ahnen es, auf einen Clinch zwischen zwei Teilpersönlichkeiten schließen lässt. Bringen wir ein wenig Licht ins Dunkel.

In so einer Situation ist es ein erster Schritt zu guten Lösungen, sich beide Partner glücklich vorzustellen, unabhängig davon, ob sie zusammenbleiben oder nicht, in dem tiefen Wissen, dass beide die richtige Entscheidung getroffen haben, jeder für sich, und dass es beiden mit dieser Entscheidung gut geht. Wir tun so, als ob der Prozess der Beziehungskrise bereits abgeschlossen wäre, und alles ist gut. Wir nehmen somit das Ziel vorweg, ohne genau zu wissen, wie der Weg dorthin im Einzelnen vonstattengegangen sein wird. Das Ziel ist es, beide Beteiligten glücklich und zufrieden zu sehen. Das hilft erst mal, damit der Körper sich entspannt. Das innere Navigationssystem ist eingestellt, und nun lotst uns unser Geist beharrlich zu dieser besten Version von uns selbst.

Häufig gehen wir allerdings einen anderen Weg, ist es nicht so? Viele Menschen mit Beziehungsproblemen oder nach Trennungen wünschen ihrem/ihrer Ex Tod und Teufel an den Hals und malen sich genüsslich aus, wie schlecht es ihm oder ihr »hoffentlich« ergehen mag. Wir ertragen es nicht, einen Menschen, den wir einmal geliebt haben, glücklich zu sehen. Ist das nicht verrückt? Gleichzeitig, auch verständlich, sind der Rache-Saboteur, der neidische Saboteur, der Eifersucht-Saboteur, der Opfer-Saboteur und viele mehr hoch aktiv.

Also sieht der innere Prozess so aus, dass wir lernen, diese Saboteure und deren Gefühle zu transformieren. Wie will ich in der besten Version meines Selbst aus dieser Beziehungskrise herauskommen? Wer will ich sein, wenn ich die Trauerphase verarbeitet, die Wut transformiert, meine Rachegefühle geheilt habe? Wenn wir uns nicht mit unseren Saboteuren auseinandersetzen, verlieren wir uns im inneren Drama. »Wie kann ich ihn glücklich sehen, wenn er so schrecklich zu mir war? Er darf nur mit mir glücklich sein! Es ist alles seine Schuld!« Hier sind alle drei Geistesgifte am Werk: Wir wissen nicht, dass es einen besseren Weg gibt, wir haften an alten Vorstellungen, und wir lehnen sowieso alles ab. Unwissend über unseren Geist, verstärken wir unser Leid. Warum machen wir es uns so schwer? Warum nicht den einfachen Weg gehen … auch wenn er zuerst völlig paradox erscheint?

Tatsächlich werden Sie merken, dass es Ihnen selbst besser geht, wenn Sie Ihrem Ex ein schönes Leben wünschen, wenn Sie ihn glücklich visualisieren. Denn das strahlt auf Sie zurück. Und ist es nicht viel, viel schöner, sich großzügig zu fühlen statt verbittert? Statt bedürftig?

Maike ist nervös. Jochen ist noch immer nicht da, obwohl er zugesagt hat, abends zu ihr zu kommen. Maike ist unsterblich in Jochen verliebt. Je länger sie wartet, desto nervöser wird sie. Sie steht am Fenster, rennt auf und ab, zupft an ihrer Frisur herum und fühlt sich immer unattraktiver. In der Küche köchelt das Chili vor sich hin. Extra für Jochen. Das weiß er zwar nicht, aber er freut sich bestimmt, nach einem langen Arbeitstag. Hat er nicht einmal gesagt, er würde so gern in Mexiko Urlaub machen? Vielleicht mit Maike? ... Und wenn er gar nicht kommt? ... Wenn er Maike nicht so sehr mag wie sie ihn? .... Wenn er eine andere hat? ... Das wäre ja nicht das erste Mal, dass ihr so etwas passiert!

Als es um 19.30 Uhr an der Tür klingelt, ist Maike fix und fertig. Sie hat alle Horrorszenarien, die sie kennt, mehrfach schillernd und mit allen Schikanen durchlitten. Kein Wunder, dass ihr Empfang eher frostig ausfällt. Jochen entschuldigt sich nicht für sein Zuspätkommen, was Maike, die vergessen hat, dass keine Uhrzeit verabredet war, ärgert. Und dann will er auch kein Chili. Gibt es einen deutlicheren Beweis dafür, dass er nicht in sie verliebt ist? Das wird Maike sich nicht bieten lassen! Der soll bloß nicht glauben, dass sie jemals auch nur eine Spur in ihn verknallt war!

Maike passt ihr Verhalten ihren Interpretationen an, die wiederum aus ihren gefilterten Wahrnehmungen resultieren. Maike hat wahrgenommen: Jochen ist zu spät. Er isst kein Chili. Außerdem sitzt er so komisch auf dem Stuhl. Als wäre er auf dem Sprung.

Haben Maikes innere Saboteure recht?

Nein, Jochen leidet an Hämorrhoiden und möchte dieses scharf gewürzte Chili, das ihm schon im Hausflur die Tränen in die Augen trieb, aus gesundheitlichen Gründen lieber nicht essen. Und von seinen Sitzproblemen möchte er nicht sprechen. Dies ist ein Date, keine ärztliche Visite! Und überhaupt: So cool, wie Maike ihn abfertigt, hat sie anscheinend kein Interesse an ihm. Wahrscheinlich ist er auch viel zu früh gekommen. Wenn man Abend sagt, meint man wohl eher 20 Uhr als 19.30 Uhr? Er war mal wieder zu ungeduldig. Er hat eben immer Pech. Das ist ja nichts Neues. So ist das immer bei ihm. Die Frauen, die er gut findet, wollen nichts von ihm wissen. Und dabei ist er so verliebt wie schon lange nicht mehr. Aber das wird eben nichts bei ihm. Er ist nun mal kein Frauentyp, und wahrscheinlich ist es das Beste, sich endlich damit abzufinden.

Nein, besser wäre es für beide, sie würden sich vor ihrem nächsten Rendezvous besser vorbereiten, um sich als Buddha-Naturen in ihrer besten Version von sich selbst zu begegnen, statt als bedürftige Teilpersönlichkeiten, die, aus der Zeit gefallen, gar kein Zielbild mehr formulieren können.

Gefangen zwischen Ja und Nein

Einer der kräftezehrendsten Konflikte im Inneren betrifft das innere Ja und das innere Nein. Er kann wie ein vernichtender Krieg erlebt werden. Im Prozess unserer inneren Reifung lernen wir, mit unseren unterschiedlichen Sichtweisen und Meinungen umzugehen. Spaltung geschieht nicht nur da draußen, sondern sehr schmerzhaft auch in uns. Wer kennt das nicht: Abends schlafen wir mit einem klaren Ja ein und morgens wachen wir mit einem gequälten Nein auf. Zwei Seelen in meiner Brust, hat Goethe es genannt … oft sind es aber noch mehr.

Nie habe ich diese beiden Stimmen so deutlich gehört wie beim New-York-Marathon, auf den ich mich so sehr gefreut hatte. Die Hölle begann nach zwei Stunden … so hatte ich mir das nicht vorgestellt, als ich mich doch noch »spontan« angemeldet hatte, nachdem ich es schon so lange vorhatte: Eine Teilnehmerin, ich erkannte sie zuerst kaum wieder, so sehr hatte sie sich verändert, war strahlend ins Seminar gekommen und hatte uns vom New-York-Marathon vorgeschwärmt: »Der schönste Moment war, als ich zwar schleppend, jedoch aufrecht durch das Ziel kam und ein großer, blendend aussehender Betreuer seine Arme mit der glitzernden Wärmefolie ausbreitete und mich willkommen hieß. ›Well done, beautiful‹ flüsterte er in mein Ohr.«

Ooooohhhh – das will ich auch, das will ich auch … die enthusiastischen, wilden, übermütigen und abenteuerlustigen Teile meiner Persönlichkeiten riefen: Yes, yes, yes! Mein Ziel war geboren: Zu meinem Vierzigsten schenke ich mir den Marathon. Doch es lief nicht nach Plan. Einmal zu wenig trainiert, dann wieder dies oder jenes. Vier Mal aufgeschoben. Endlich erreichte ich den Punkt, an dem es mir peinlich war, wenn ich gefragt wurde – warst du jetzt eigentlich in New York? Meine übermütigen Teile wurden kleinlaut und beschämt. So gab ich mir einen Ruck und buchte trotz weiterer Ausreden das Ticket. Es gab kein Zurück.

Je näher der Abflug rückte, desto mulmiger wurde mir. Schließlich saß ich im Flieger, der Gurt klickte. Ich sah mein großartiges Zielbild vor mir, wie ich glücklich in die offenen Schutzfolienarme eines blendend aussehenden Betreuers lief. Es klappte nicht so richtig, etwas war nicht im Flow in meinem Inneren. Wohin war meine Vorfreude verschwunden? Ich lenkte mich ab, indem ich in einer Fachzeitschrift über Coaching blätterte, die ich oft pflichtbewusst in meine Reisetasche packe, nur um sie ungelesen wieder nach Hause zu bringen. Ich blieb an einem Artikel hängen, und auf einmal überkam mich eine Erkenntnis: Vor einer großen Entscheidung genügt es nicht, allein das Ja in uns zu befeuern. Auch das Nein muss gehört werden. Sonst taucht es mitten im »Spiel« auf und kann uns alles vermasseln. Jahrelang hatte ich die große Klappe: Ja, ich laufe einen Marathon, schaff ich schon, krieg ich hin. Die Zweiflerin, die Ängstliche, die Versagerin hatte ich im Keller eingeschlossen und so getan, als ob es sie nicht gäbe. Jetzt im Flieger übertönten sie sogar die tosenden Flugmotoren. Fasziniert las ich den Artikel, der, so stellte es sich im Nachhinein heraus, die Rettung für mein Marathonabenteuer wurde.

Schritt für Schritt erforschte ich meine inneren Saboteure. Öffnete die Kellertür. Spürte, wo im Körper mein jetzt grauenhaft lautes Nein zum New-York-Marathon zu Hause war. Spürte diesen Schmerz und die Angst vor der Niederlage und Peinlichkeit und Blamage in meiner Magengrube. Mithilfe des Buddhas in mir leitete ich dieses Gefühl von der ursprünglichen Stelle in der Magengrube in meine offene linke Hand und ließ es als Symbol bildlich erscheinen: ein schwerer schwarzer Stein. Innerlich fragte ich diesen Saboteur, der jetzt endlich aus dem Keller gekommen war und sichtbar für mich wurde: »Was willst du mir Gutes mit deinem lauten Nein und deinem Mich-Ausbremsen?«

Die klare Antwort: dich schützen. Er hatte sich schon viel früher und oft gemeldet. Hätte ich ihn hören können, dann hätte ich mich gewissenhafter auf dieses Abenteuer vorbereitet. Je deutlicher seine guten Absichten wurden, desto leichter fühlte es sich an in meiner linken Hand, und der schwere schwarze Stein verwandelte sich in glitzernden Goldstaub. Ich bedankte mich und richtete meine innere Aufmerksamkeit auf den Aspekt meiner Persönlichkeit, der so enthusiastisch war, dieses laute und kräftige »Ja, mach ich, ich bin dabei«. Atemzug für Atemzug erforschte ich, wo im Körper ich dieses Ja spürte: in meinem Herzen. Verbunden mit dem Buddha in mir lud ich innerlich dieses Gefühl ein, sich von der ursprünglichen Stelle zu lösen und über meine rechte Schulter in meine rechte Handinnenfläche zu fließen, die nach oben gerichtet auf meinem rechten Bein lag. Das Gefühl wurde zu einem Symbol – eine goldene Kugel, die sich in meiner rechten Hand wunderbar warm und stark anfühlte. Nun waren alle versammelt: die Kellerkinder in meiner linken Hand, die mich schützen wollten – jetzt als transformiertes Symbol von glitzerndem Goldstaub –, und die klaren Ja-Teile in meiner rechten Hand, die mich mit Mut und Freude und einem klaren Ja beschenkten, diese Herausforderung zu meistern. Da alle mein Bestes wollten, gab es keinen Kampf mehr gegeneinander, sondern ein Miteinander. Zusammen wollten wir diesen Marathon schaffen. Ich führte beide Handinnenflächen und somit beide Symbole zusammen und spürte, wie sich das Gefühl der inneren Zerrissenheit auflöste. Ein neues Symbol entstand aus dieser inneren Versöhnung und Verschmelzung der Symbole. Innerlich ruhig und zentriert verließ ich in New York den Flieger. Nun war ich wirklich bereit für den Marathon.

Tatsächlich habe ich nur durch diese innere Heilung die fürchterliche zweite Hälfte des Laufs geschafft. Der Schmerz war präsent. Hätte ich nicht dieses gesunde Ja in mir gehabt, dann hätten die Kellerkinder übernommen und mich derart geschwächt, dass ich aufgegeben hätte. In diesem letzten Teil des Marathons spürte ich deutlich, welche Gedanken mich bremsten und welche mich stärkten. Dank des Friedens, den ich innerlich auf dem Flug mit den widersprechenden Teilen schloss, hatte ich die Kraft weiterzumachen.

In der Meditation »Ja/Nein-Konflikt auflösen« lernen Sie, inneren Frieden mit den Saboteuren zu schließen – eine enorm wichtige Vorbereitung für Entscheidungen oder auch Events. Wenn in uns Frieden ist, dann können wir das auch nach außen leben. Übrigens bin ich tatsächlich aufrecht durchs Ziel gekommen. Leider so spät, dass kein enthusiastischer gut aussehender Betreuer mich mit offenen Armen in Wärmefolien packte. Doch war es ein überwältigendes Gefühl, in meinem Zielbild angekommen sein, mit all meinen Saboteuren gut eingepackt in meinem Herzen. Buddha sei Dank.

Im Trockentraining geht es also darum, in dem Quantenfeld von Buddha erst einmal die beste Version zu erfinden und dann zu finden, mit einem Blick auf Ja und Nein. Wenn wir uns dennoch verirren, haben wir lediglich einen Aspekt des Ziels ausgesucht – wer hat sich hier wohl den Regiestuhl geschnappt? Ein innerer Saboteur natürlich, dessen Skript sich in einer Endlosschleife wiederholt. Mit seinem Scheuklappendenken hat er gar nicht die Möglichkeit, im Weitwinkel zu filmen, und so ist das Zielbild eines inneren Saboteurs mit seiner engen Sichtweise immer stark eingeschränkt.

Ganz anders das Zielbild unserer besten Version von uns selbst aus unserer leuchtenden Buddha-Natur. Manchmal vergehen viele Jahre in der Endlosschleife, bis wir unsere Zielbilder korrigieren können. Ungünstigenfalls bestimmen die Drehbücher der inneren Saboteure unseren Lebensfilm. Doch diese schlechten Filme laufen nun zum letzten Mal. Und hier erscheint schon das Wort »Ende«.

Es gibt einen Neuanfang mit dem Update aus dem göttlichen Plan. Unser inneres Navigationssystem orientiert sich am Quantenfeld. Um nach Hause zu kommen, um zur besten Version von uns selbst zu gelangen, wird diese verantwortungsvolle Aufgabe den inneren Saboteuren entzogen. Unser erwachter Geist sucht nach dem Weg.

»Bitte biegen Sie rechts ab«, und auf einmal fällt uns ein Buch in die Hände, das unser Leben verändert. »Jetzt geradeaus«: Da begegnen wir einem Menschen, der uns inspiriert. »An der nächsten Kreuzung links«, und auf einmal erhalten wir ein interessantes Angebot. So geht es weiter, und man mag es zuerst für eine Verkettung glücklicher Zufälle halten, aber alles findet sich plötzlich, alles geht so leicht. Und sogar das, was uns früher Probleme bereitet hatte, meistern wir nun ohne Anstrengungen. Wir meistern es, weil wir uns des Leuchtens unserer inneren Buddha-Natur bewusst sind. Deshalb hören wir nicht auf Einflüsterungen, die uns zu Umleitungen verführen wollen, sondern platzieren Stoppschilder.

»Jetzt rechts«, mag ein innerer Saboteur flüstern, doch wir spüren sofort, dass diese Stimme nicht aus dem göttlichen Navi kommt, sondern von einem Saboteur, weil unser Körper mit Widerstand reagiert, weil es sich eng und verkrampft und unangenehm anfühlt, wie in einem Korsett. Während die göttliche Weisheit uns mit Wärme und einem inneren Ja erfüllt.

So erfahren wir in unserem Alltag, was damit gemeint ist, wenn im Buddhismus von Geistesschulung die Rede ist. Wir können uns der drei Geistesgifte bewusst werden und uns jeden Tag neu für die beste Version von uns selbst entscheiden und somit uns auch jeden Tag neu erfinden. Ist das nicht eine wundervolle Aussicht?

Da wir immer nur eine Sache denken können, ist es eigentlich einfach, einen Gedanken zu ersetzen: eine unangenehme Vorstellung durch eine angenehme ersetzen. Sofort verändern sich unsere Gefühle, weil wir fühlen, was wir denken. Genauso verändert sich unser Denken, wenn wir fühlen. Das merken wir an einem regnerischen Sonntagnachmittag, an dem das ganze Leben erscheint wie der graue Himmel. Am Anfang war noch diese wohlige Erlaubnis zum Chillen, doch dann kippt es gegen Abend in ein gedämpftes, lustloses Herumhängen. Ein kurzer Spaziergang, sich bewegen, sich verbinden mit der Natur, bewusst ein- und ausatmen bewirken eine sofortige Veränderung im Inneren. Körper und Geist sind in einem ständigen Tanz und beeinflussen sich gegenseitig. Deshalb ist die Selbstfürsorge so wichtig – für Körper und Geist!

In diesem Leben ist dieser Körper unser Fahrzeug, um uns an viele Orte zu bringen, um sinnliche Erfahrungen mit uns selbst und anderen Menschen zu machen. Ohne den Körper könnten wir diese Erfahrungen nicht machen. Also sollten wir ihn respektvoll behandeln. In diesem und in vielen anderen Leben ist das innere Leuchten unserer Buddha-Natur ein innerer Leitstern, um uns mit dem Göttlichen zu verbinden und das Leben jenseits der Dreidimensionalität und jenseits unserer Persönlichkeit zu erfahren. In einem gesunden Körper, den wir respektvoll ernähren und gut behandeln, ist es leichter, den Buddha runterzuladen.

Wer bin ich?

Doch wer sind wir? Wer ist dieses Ich? Wer bin ich, wenn ich nicht meine Gedanken bin? In der Meditation nehmen wir Kontakt zu dem Ich dahinter auf. Osho erzählt in seinem Buch *Reife* vom Zenmeister Rinzai, der jeden Morgen nach dem Aufwachen noch mit geschlossenen Augen die Frage stellte: »Rinzai, bist du noch da?«

Seine Schüler fragten, was er mit dieser Frage beabsichtige.

Er erklärte: »Ich warte auf den Augenblick, in dem die Antwort Nein sein wird. Nein. Die Existenz ist, doch Rinzai ist nicht mehr.«

Dies ist der höchste Gipfel, den das menschliche Bewusstsein erreichen kann. Gewiss, es ist schwierig, sich aus der Masse der uns geradezu torpedierenden Gedanken zu lösen, doch wir *sind* kein Gedanke. Wir sagen ja auch: Ich denke. Also gibt es ein Ich, das diese Gedanken denkt. Es kann entscheiden, ob es sie denkt und was es denkt.

Wir sind nicht unsere Gedanken, sondern wir sind diejenigen, die unsere Gedanken beobachten. Diese Erfahrung vertiefen wir in unserer spirituellen Praxis. Wir lernen, neutral zu bleiben, statt

Schmerz zu empfinden, wenn wir Leidvolles denken, und Freude zu empfinden, wenn wir Schönes denken. Wir lernen, unabhängig von unseren Gedanken zu werden, die Gefühle nach sich ziehen. Wir lernen, dass unsere Gefühle auf Bewertungen basieren, ob etwas gut oder schlecht sei. Wir erkennen, wie manipulierbar wir dadurch sind. Und wir bekommen eine Ahnung für die große Freiheit hinter unserer Persönlichkeit im göttlichen Quantenfeld unserer spirituellen unsterblichen Existenz.

So bringen wir Raum zwischen uns und die Quälgeister unserer Gedanken. In dem Maße, wie die Entfernung wächst, beginnen die Gedanken abzufallen wie Blätter, die absterben. Denn durch die Identifikation mit den Gedanken haben wir ihnen ständig neue Nahrung gegeben. Was wir uns verzeihen sollten, da die inneren Saboteure sehr raffinierte Methoden beherrschen, um uns in die Irre zu führen.

DIE TÄUSCHUNGSMANÖVER DER SABOTEURE

Wie konnte das nur passieren! Wer hat da nicht aufgepasst? Nur kurz ist die Regisseurin aufgestanden, um sich einen Kaffee zu holen … und schwups hat sich ein innerer Saboteur auf den Regiestuhl gesetzt, und auf einmal ist alles anders. Eben noch eine berührende Literaturverfilmung auf hohem künstlerischem Niveau, und jetzt zucken auf einmal grelle Stroboskopblitze durch die Szenerie. Was ist geschehen? Die Regisseurin hat sich doch nur einen Kaffee geholt! Oder hat es etwas damit zu tun, dass der Chef des Senders kurz hereingeschaut und an die Quote erinnert hat? Ist die noch relativ junge Regisseurin dadurch vom Hocker gefallen und hat ihre Souveränität verloren? Bis eben wusste sie doch ganz genau, wie die Szene gespielt werden sollte. Die Stimmung war gut, alle waren ergriffen von der mitreißenden Darstellung der Schauspieler. Doch nun sieht die Regisseurin nur noch Fehler. Sollte man die Szene vielleicht lieber draußen drehen? Und überhaupt, irgendwie klingt der Dialog hölzern. Der Autor sollte das korrigieren. Auch die Beleuchtung stimmt nicht. Ferner passen die Klamotten nicht, und wieso hat der Requisiteur schon wieder den Krug mit dem Wasser vergessen? Es kommt ihr so vor, als laste alles auf ihr. An alles muss sie denken, als würden die anderen ihr Fallen stellen, als wollten alle partout, dass der Film floppt.

Womöglich stecken die anderen mit dem Chef des Senders unter einer Decke? Der war doch von Anfang an gegen diese Literaturverfilmung. Weil er es einfach nicht ertragen kann, dass es da draußen Menschen gibt, die wirklich tolle Filme sehen wollen, nicht nur den üblichen Schrott, den er produziert. Klar, er sitzt am längeren Hebel, und so nutzt er seine Macht, um die Regisseurin auszuhebeln.

Ist das wirklich so? Nein, das Aushebeln macht sie selbst. Sie knipst ihr inneres Licht aus, stellt sich in den Schatten, und dort blickt sie durch die Augen eines inneren Saboteurs, einer Teilpersönlichkeit, die ständig Komplotte vermutet. Ein aus der Zeit gefallenes Kellerkind hat vor vielen Jahren die Erfahrung eingefroren, dass andere ihm nichts Gutes wollen. Diese Überzeugung sitzt nun auf dem Regiestuhl, und auf einmal sieht die ganze Welt anders aus, schmeckt anders, hört und fühlt sich anders an. Eben noch von Freunden umgeben in einem wohlgesinnten Arbeitsklima, ist sie nun scheinbar von Feinden umzingelt, die sie scheitern sehen wollen. Eins zu null für den inneren Saboteur.

Wenn ein Saboteur die Regie in unserem Leben übernimmt, fühlen wir uns getrennt von allem und allen. Das ist sehr schmerzhaft, denn wir lehnen dabei uns selbst ab. Und es sieht auch nicht schön aus. Beim Blick in den Spiegel mag man erschrecken, so hart und manchmal sogar verbittert sieht man aus. Der Mund ist zusammengekniffen, die Augen sind schmal, alle Weichheit und Freude, das innere Leuchten ist aus dem Gesicht gefallen. Genauso fühlen wir uns im Inneren: eng, hart, geschrumpft, kalt, manchmal sogar schneidend, böse, vernichtend. Der Zustand des Getrenntseins ist nicht nur eine physische und psychische Erfahrung, sondern auch eine spirituelle. Ohne Verbindung zu unserer Seele sind wir isoliert von unserer wahren Natur, dem Göttlichen in uns, der allumfassenden Weisheit und Liebe. Wir verlieren also nicht nur die Fähigkeit, das Leben aus der Perspektive der Seele zu betrachten, sondern wir berauben uns auch der Liebe, die wir so dringend benötigen, um uns an ihr zu nähren, uns von ihr inspirieren zu lassen und nicht in eine Abwärtsspirale aus Sorgen, Trauer und Ängsten zu geraten.

Erinnern Sie sich an das schlimmste der drei Geistesgifte, die Unwissenheit? Solange wir die Laus, die uns über die Leber gelaufen ist, für das Leben halten, kommen wir nicht auf die Idee, dass es sich in Wirklichkeit um eine Empfindung des inneren Saboteurs handelt und keineswegs um die Realität unserer Gesamtpersönlichkeit. Und so ahnen wir auch nicht, dass das, was wir für normal halten, nur eine Teilansicht ist.

Kennen Sie den großartigen Film mit Bill Murray *Und täglich grüßt das Murmeltier* über den Wettermoderator, der in einer Zeitschleife gefangen ist? Tag für Tag erlebt er dasselbe, bis er geläutert nicht mehr in die Pfütze tritt, wie es ihm zuvor unzählige Male geschieht. Eines Tages erkennt er, dass er trockenen Fußes außen herumgehen kann. Auch wir können außen herumgehen um die inneren Saboteure, wir können entscheiden, ob wir in nassen oder trockenen Schuhen unterwegs sein möchten.

Der blinde Fleck

Wenn wir in nassen Schuhen durch die Welt laufen, nehmen wir sie anders wahr. Wir sind neidisch auf Füße, die in trockenen Schuhen stecken. Wir fluchen auf das Wetter. Hätte es nicht geregnet, wären wir nicht in die Pfütze getappt. Wir ärgern uns, weil wir nur wegen XYZ unterwegs waren, und deshalb ist er/sie schuld, dass wir in die Pfütze getreten sind. Die nassen Füße werden kalt. Unser Herz wird kalt. Wir fühlen uns als Opfer, als ewig zu kurz Gekommene, dabei können wir überhaupt nichts dafür. Sind wir nicht immer irgendwie Laufbursche für andere? Das Leben ist nicht gut zu uns.

Das stimmt. Wie sollte es auch anders sein, solange wir nicht gut zu uns selbst sind. Die Welt ist nicht, was wir sehen, sondern die Welt ist, was wir über die Welt denken, wie wir uns die Welt vorstellen. Genau so wird sie sein, weil wir die perfekte Brille dafür aufsetzen.

Rosarot oder grau? Hell oder dunkel? Wir sehen die Welt durch die Augen der Teilpersönlichkeit, die im Regiesessel Platz genommen hat. Wenn ein ängstlicher Saboteur im Regiesessel sitzt, erscheint die Welt unüberschaubar, bedrohlich, einschüchternd. Unbezwingbar kommen uns die täglichen Herausforderungen vor. Sitzt ein selbstbewusster Teil im Regiestuhl, fühlen wir uns in der Kraft und sind gewiss, alle Herausforderungen meistern zu können. Menschsein ist aber kein gleichförmiger Zustand. Es geht ständig auf und ab und hin und her: Wir sind fluide Wesen, ich kann es nicht oft genug betonen. Wenn wir das verinnerlicht haben, sind wir nachsichtig mit uns selbst, und alles fühlt sich viel weicher an. Wir wissen, dass ein unangenehmer Zustand wieder vergeht – was wir vergessen, wenn wir drinstecken, weil wir dann glauben, das bleibe so für immer. Nichts bleibt für immer … nur das Leuchten unserer Buddha-Natur in uns.

Letztlich sind unsere inneren Saboteure Helfer, denn sie stupsen uns immer wieder an, damit wir Blockaden auflösen, Probleme lösen, Beschränkungen erkennen, mit dem Ziel, die göttliche Kraft in uns zu aktivieren. Manche Probleme mögen wirklich dramatisch sein. Doch das bleiben sie nur, wenn wir sie auf dieser Ebene der Teilpersönlichkeiten belassen. Sobald wir sie transformieren, schrumpfen sie, und eines Tages verschwinden sie ganz.

Im Nachhinein stellen wir fest, dass uns genau diese Probleme auf die Spur zum Glück gesetzt haben. Wir müssen allerdings erst einmal tief hinab in den Keller steigen, um den inneren Saboteuren die Hand zu reichen, sie zu akzeptieren und ihnen zu vergeben. So verwandeln sich die in der Zeit eingefrorenen Kellerkinder im warmen Licht unserer Seele, und wir können sie nach Hause holen in Buddhas Leuchten. Wir erkennen, dass sie keine Feinde sind, sondern dass jeder innere Saboteur aus einer positiven Absicht heraus handelt, auch wenn sein Verhalten schmerzhaft ist – für ihn selbst und für uns. Doch als Kellerkind hat ein Saboteur nur wenige Ressourcen zur Verfügung und kann nicht aus einer gereiften Perspektive reagieren. Ein aus der Zeit gefallenes Kellerkind konnte nicht weiterwachsen, da es im Zustand des Schocks eingefroren ist, mit allen dazugehörigen, uns heute blockierenden Emotionen.

Vor dieser Erkenntnis und der Transformation haben wir lediglich die Emotionen wiederbelebt. Wir spürten als Erwachsene das, was das Kind von damals fühlte, allerdings nicht direkt, sondern über den Umweg, dass wir es auf andere Menschen projizierten. Das ist weniger schmerzlich, als es bei uns selbst zu spüren, doch bei anderen können wir es auch nicht erlösen. Und auch wenn die Kellerkinder Gutes beabsichtigen in ihrem Wunsch, sich und uns vor Leid zu schützen, haben sie aus dem Keller eben doch scharf geschossen. Sie konnten ja nicht wissen, dass es einen größeren, reifen Teil gibt, der für sie bedrohliche Situationen heilen könnte, ja, dass diese Situationen gar nicht bedrohlich wären, wenn sie mit dem liebevollen Blick des Buddha betrachtet werden.

So etwas können sich die in der Zeit gefrorenen Kellerkinder nicht vorstellen. Sie sind allein. Sie sind einsam, und es fehlt ihnen die Erfahrung der Geborgenheit im Du und Wir. Sie kennen nur Ich, Ich, Ich und ihre Zwänge, ihr Müssen. Das macht sie noch einsamer, und daran sind natürlich alle anderen schuld, jede andere Erkenntnis würde noch weher tun.

Probleme entstehen immer dann, wenn ein innerer Saboteur die Kontrolle übernimmt und unser Leben in einer Art und Weise beeinflussen möchte, die wir nicht wollen. Diese Kontrolle ist verknüpft mit starken Emotionen aus der Vergangenheit. Zum Beispiel kann es sein, dass eine verängstigte Teilpersönlichkeit, die entstand, als wir als Kind einmal zu Hause allein gelassen wurden, versucht, die Kontrolle zu übernehmen. Diese Übernahme kann sich negativ auf unsere berufliche Laufbahn, unsere Beziehungen und unsere Gesundheit auswirken. So verhindern die außer Kontrolle geratenen Teilpersönlichkeiten, dass wir Glück und Erfüllung im Leben finden. Das geschieht nicht aus Bosheit, sondern aus der Ichbezogenheit dieses aus der Zeit gefallenen gefrorenen Kellerkindes, das sich schützen möchte und nicht weiß, dass Sie jetzt groß sind und andere Möglichkeiten kennen, mit solchen schwierigen Situationen umzugehen. Das Kellerkind weiß nicht, dass es Freundinnen gibt, die man anrufen kann, und es hat auch seine innere Verbindung zu seiner eigenen Buddha-Natur tiefgekühlt. Ihre Liebe wird es auftauen, nach und nach.

Sobald wir Verantwortung für unser Handeln übernehmen, können wir ruhig und freundlicher mit unseren Problemen umgehen und mehr Glück für uns selbst und andere Menschen erreichen. Wir lernen zu verstehen, dass es nicht nur ein Ich gibt, sondern dass wir ein Kontinuum von Energiefeldern sind. Je nachdem, welches Energiefeld gerade am stärksten ist, entwickeln sich unsere Gefühle. Indem wir uns über unsere diffusen Gefühle bewusst werden, können wir einzelne Energiefelder unterscheiden und so unterschiedliche Aspekte unserer Persönlichkeit benennen. Dadurch können wir sie steuern und uns immer wieder in den leuchtenden Zustand der Buddha-Natur versetzen, statt das zu glauben, was wir glauben wollen, weil wir die Brille einer bestimmten Teilpersönlichkeit auf der Nase haben, die nur das sehen kann, was in ihrer Welt existieren darf, mit allen dazugehörigen, auch negativen Gefühlen. Die Wahrheit ist: Sie bindet uns einen Bären auf. Oder ist es ein Affe?

Etwas anderes können wir gar nicht erkennen. Egal wie einfach es ist, wir sehen den Wald vor lauter Bäumen nicht. Und schon gar nicht sehen wir den Affen in den Bäumen: Der Psychologe Trafton Drew versteckte Bilder eines Affen in Scans von Lungen und legte sie Radiologen vor. Wie 2013 in *Psychological Science* berichtet, sollten die Spezialisten nach Knötchen im Lungengewebe suchen. Mehr als drei Viertel der Fachleute übersahen dabei das Affenbild auf dem Scan, obwohl es bis zu 84-mal so groß war wie ein Knötchen.

Ist das nicht verblüffend? Wir sehen, worauf wir vorbereitet sind. Wir sehen, was unser innerer Saboteur sehen möchte, und er kann ja nur das sehen, wozu er fähig ist. Manchmal macht er uns damit zum Affen.

Ein berühmtes Experiment trägt den Namen Gorilla-Studie. Erforscht wurde die sogenannte Unaufmerksamkeitsblindheit, das bedeutet, dass wir vieles übersehen, auch wenn es geradezu leuchtet oder brüllt. Wenn es im falschen Kontext erscheint, wenn wir abgelenkt sind, weil wir uns beispielsweise auf etwas anderes konzentrieren – *das kann ich nicht, ich bin nicht gut genug* –, übersehen wir es.

Für die Gorilla-Studie sollten die Teilnehmer sechs Basketballspieler beobachten. Sie selbst wurden dabei von den Psychologen

Christopher Chabris und Daniel Simons beobachtet. Die Probanden sollten die Ballwechsel zählen. Das machten sie, und als die Psychologen sie später fragten, ob sie den Gorilla gesehen hätten, der durchs Bild gelatscht wäre, schauten sie sich ratlos an: Welcher Gorilla? Sie mussten das Video erneut sehen, um es zu glauben. Tatsächlich lief ein als Gorilla verkleideter Mensch über das Spielfeld. Den hatten sie übersehen …

Weitere Forschungen ergaben, dass diese Blindheit jeden von uns befallen kann, egal welchen IQ und welche Dioptrienstärke wir haben mögen. Es handelt sich bei der Unaufmerksamkeitsblindheit um eine universelle Eigenart des Denkens und der Wahrnehmung. Es scheint so zu sein, dass wir Dinge nicht übersehen, *obwohl* sie so offensichtlich sind, sondern *gerade weil* sie so offensichtlich sind. Dieses Fazit zieht die Psychologin Carina Kreitz.

Für uns bedeutet dies: Unsere inneren Saboteure sind vielleicht gar nicht soooo gut versteckt. Sondern eher offensichtlich. Wenn wir wissen, dass sie da sind, und wachsam bleiben, können wir sie sehen … falls wir das wollen.

Dem Kind einen Namen geben

Was wir benennen können, macht uns keine Angst mehr. Was wir benennen können, dazu können wir auch Gefühle entwickeln. Der Schlüssel der Versöhnung liegt darin, diesen irgendwo auf der Strecke hängen gebliebenen Saboteur so kennenzulernen, dass wir begreifen: Er möchte uns nicht ärgern. Auf eine wenn auch unbeholfene Art und Weise versucht er einfach nur, ein uns unbewusstes Bedürfnis zu erfüllen. Ein Bedürfnis, das wir selbst im tiefsten Inneren sehr gut kennen, auch wenn wir es nicht gern hören.

Oft ist es eine tiefe Überzeugung der Wertlosigkeit, das Gefühl, nicht gut genug zu sein. Können wir das zulassen, erkennen wir die Sehnsucht des inneren Saboteurs dazuzugehören. Er möchte anerkannt und geliebt werden – wie eine verlorene Tochter, ein verlorener Sohn. Das steckt nämlich in unseren aus der Zeit gefallenen Kellerkindern. Was wir benennen, das können wir lieben … und was wir lieben, dem geben wir Kosenamen.

Wen haben Sie entdeckt?

Meine Klienten haben mir folgende Namen anvertraut:

Angsthäschen
Beleidigte Leberwurst
Nervensäge
Dickmarie
Mäuschen
Gisa Gierig
Kokettchen
Mimimimose
Oskar Oberschlau
Miss Perfect
Dramaqueen
Sebastian Schuldig
Prinzessin auf der Erbse
Besserwisserin
Tränensäckchen
Miss Miststück
Neidhammel
Schnappi Eingeschnappt
Intelligenzbestie
Raupe Nimmersatt
Schrilli
Gscheidhaferl
Michi Mutlos
Rachel Rechthaberin

Jeder von uns hat bestimmte Alarmknöpfe, die sogenannte Triggersituationen, bei denen ein Saboteur wie die vorstehenden als Teufel aus der Schachtel hervorspringt. Wir wollen jedoch nicht sehen, dass dieser Teufel zu uns gehört. Wir schieben ihn anderen unter und bestrafen sie mit unserem Verhalten dafür, dass unsere schlechten Gefühle ausgelöst wurden, die wir seit unserer Kindheit eingefroren haben.

Der Paradigmenwechsel ermöglicht es uns, Mitgefühl mit uns selbst zu haben: für unsere Kellerkinder, die das Leuchten ihrer Buddha-Natur vergessen haben. Wir verbinden sie mit dem Leuchten unserer reifen Buddha-Natur und transformieren sie. Endlich kommen sie nach Hause in die Gesamtpersönlichkeit. Ein innerer Saboteur weniger! Für ein Leben mit einer von der Seele erfüllten Persönlichkeit lernen wir, alle Teilpersönlichkeiten anzunehmen und sie ins Seelenlicht zu integrieren. Auch diejenigen, die wir als nutzlos oder nicht liebenswert abgestempelt und dann vergessen haben; auch die, für die wir uns schämen. Manchmal kann es trotzdem so sein, dass wir einen Teil unserer Persönlichkeit nicht besonders gern mögen. Dennoch gehört er zu uns – und in einem solchen Fall bedarf es vermutlich vieler Begegnungen und innerlichen Transformationen, bis wir auch diesen Saboteur nach Hause ins Licht bringen. Der achtsame Prozess des Heilwerdens geschieht rascher, wenn wir unsere Strategien ans Licht verinnerlicht haben. Wir sind aufgewacht und führen Regie in unserem Lebensfilm. Wenn nicht, dann werden die Hauptrollen von den inneren Saboteuren besetzt. Es sind sozusagen ihre Erfolgsmodelle, und tatsächlich haben sie uns den einen oder anderen Blockbuster beschert – leider nur im Genre Mord und Totschlag. Nun erweitern wir das Kinoprogramm um weitere Genres.

Beliebte Blockbuster

Zurück zu unseren Filmen. Liebe wird eine Hauptrolle spielen, weil Liebe erlöst. Es wird zudem jede Menge Konflikte und Missverständnisse geben, weil sie für Spannung sorgen, und natürlich Dreiecksverhältnisse, bis am Ende das Gute siegt. Hervorzuheben ist noch das überirdische Lichtdesign des Filmes, made by Buddha!

Nachfolgend stelle ich einige der meistgespielten Drehbücher vor. Wahrscheinlich kennen Sie das eine oder andere – und erfahren nun, was dahintersteckt und wie Sie das Spiel variieren können, damit Ihr innerer Saboteur aussteigen kann und Teil Ihrer Buddha-Natur wird, wo er sich erst mal erholen darf. Denn das Leben im Keller ist kein Zuckerlecken! Und auf die Dauer auch ziemlich langweilig. Viel Wind um nichts, es passiert ja immer wieder das Gleiche.

Durch eine Triggersituation übernimmt ein innerer Saboteur die Regie.

Jeder innere Saboteur hat seine eigenen Glaubenssätze. Das ist die Brille, durch die er blickt, das sind seine Überzeugungen, so sieht seine Welt aus.

Der innere Saboteur schaut nur nach außen, nicht nach innen, und so nimmt er seinen eigenen *Schatten* nur bei anderen wahr. Im Licht der *Buddha-Natur* sieht die Sache anders aus. Wir laden den Saboteur ein, statt sich da draußen das zu holen, was er braucht, sich uns zuzuwenden. Aus der inneren Quelle des Buddha können wir lernen zu erkennen, was seine gute Absicht ist. Was will und braucht dieser Saboteur, damit wir wieder glücklich sind? Wie können wir ihm das geben, was er braucht? Natürlich ist die allumfassende Heilung die transformierende Liebe aus dem Quantenfeld.

Wir lösen die Trennung auf, vom Ich-Ich-Ich gehen wir ins Wir und erkennen mithilfe unserer spirituellen Praxis: Zu wem kann ich werden, wenn dieser Saboteur sich verwandelt durch die Berührung und das Bewusstsein des Göttlichen, sprich Buddha? Wer könnte ich sein und wie könnte ich mich verhalten, wenn ich durchflutet bin von der Weisheit und allumfassenden Liebe des strahlenden Buddhas in mir? Was ist wichtiger als das Ich? Wie erlebe ich mich in der Verbindung mit allem? Wie könnte ich sein, wenn ich von Mitfreude, Großzügigkeit und Mitgefühl erfüllt wäre? Wie verhalte ich mich, wenn ich voller Selbstbewusstsein und Kraft mit Fokus auf meine beste Version bin? Wir meditieren, rezitieren und atmen uns frei.

Vermutlich werden Sie nicht nur *einen* verlorenen Sohn, *eine* verlorene Tochter entdecken, sondern mehrere oder viele. Vergegenwärtigen Sie sich, dass es Teilpersönlichkeiten gibt, die förderlich statt hinderlich sind. Das sind Ihre Helfer! Sie heißen die Heimkehrer willkommen, und dann steigt eine rauschende Party.

Die Darsteller

Nachfolgend eine mögliche Annäherung an einige Ihrer Mitspieler zwischen Drama, Tragödie und Krimi.

Frau Schmolli

Mögliche unbewusste Glaubenssätze: Es muss alles so sein, wie ich es haben will. Die anderen verstehen mich nicht. Ich weiß, wie es geht, und so muss es sein. Das Leben ist eine endlose Enttäuschung. Nie krieg ich, was ich will.

Verhalten des Kellerkindes: Sarah ist eingeschnappt, das kann jeder sehen. Was ist denn jetzt wieder los?, stöhnt innerlich ihre Kollegin Christiane. Aber das kennt man ja von Sarah. Christiane möchte lieber eine gute Stimmung im Büro und fragt Sarah: »Hast du was?«

»Nein«, erwidert Sarah mürrisch.

»Aber sicher, du hast doch was?«

»Nein, alles gut«, antwortet Sarah noch unwirscher.

Christiane gibt auf, und so bleibt eine kühle Stimmung für den Rest des Tages. Einsilbig, jeglichen Blickkontakt meidend, verrichtet Sarah ihre Arbeit. Wenn sie etwas sagt, dann in einem beleidigten Ton. Als hätte man ihr Gott weiß was angetan. Und das hat man auch, nämlich schon wieder so besonders nett mit dem Juniorchef geredet / den Kaktus übergossen / das Fenster nicht geschlossen / einen Vorgang falsch abgelegt …

»Was ist denn los mit dir?«, fragt Christiane am späten Nachmittag noch einmal. Sie hält diese schlechte Stimmung nur schwer aus. Es verunsichert sie, weil sie selbst nun zu grübeln beginnt, was sie falsch gemacht haben könnte.

»Nichts«, erwidert Sarah schnippisch und köchelt weiter vor sich hin. Auch auf dem Nachhauseweg brodelt es in ihr, und so bleibt es den ganzen Abend über. Sie kann es nicht vergessen. Immer wieder hört sie innerlich die Anweisung ihrer Kollegin von heute Morgen … dieser Ton, wer glaubt die eigentlich, wer sie ist … Enttäuscht und gekränkt betäubt sich Sarah mit einer Nussschokolade und fällt ins Netflix-Koma.

Verbunden mit der ihr innewohnenden Buddha-Natur, durch die milden Augen des Buddhas, könnte Sarah den Schmerz dieser Miss Schnellbeleidigt vielleicht sehen. Sie könnte erkennen, dass diese Saboteurin, eingefroren in der Vergangenheit, ihren Schmerz aus der Kindheit erlebt, wieder einmal enttäuscht zu werden. Durch die Augen des Buddhas lernt Sarah, freundlich auf diesen Teil der Persönlichkeit zu schauen.

Was will dieser Saboteur mit seinem Verhalten erreichen?

Sarah beginnt, diesen Saboteur bewusst wahrzunehmen, und untersucht ihn. Sie erkennt, dass sie mit dem Mauern des Beleidigtseins und ihrem innerlichen Rückzug jegliche Kommunikation abbricht. Sie erkennt aber auch die positive Absicht dahinter, sie vor weiterem Schmerz zu schützen. Gut gemeint von dem Teil und lange geübt. Doch der Schmerz des weiter kreierten Leids, die Ichbezogenheit und die Unfähigkeit, in diesem Moment über das zu reden, was wirklich ist, macht alles noch schlimmer.

Wenn diese Saboteurin wirklich das erhält, was sie braucht, nämlich sich geschützt zu fühlen, was könnte dann möglich sein? Diese Frage kann Sarah nach einer Meditation beantworten:

Frau Schmolli braucht Wärme und Liebe. Anders ausgedrückt: Wenn der Saboteur umarmt wird und erfüllt ist von der uns innewohnenden Buddha-Natur, kann er sich wie die Lotosblüte aus dem Schlamm weiterentwickeln und auch lernen, mit den Enttäuschungen des Lebens umzugehen.

Sarah erkennt, dass sie das Gefühl von Geschütztsein braucht. Sie atmet drei Mal tief in ihre Buddha-Natur. Dehnt ihr Energiefeld aus und überprüft ihr inneres Zielbild: Die beste Version von mir selbst ist eine reife, strahlende und humorvolle Frau, die großzügig mit sich selbst und anderen leben und arbeiten kann. Ich bin sicher und geborgen in meiner mir innewohnenden Buddha-Natur.

Ein neues Drehbuch präsentiert sich Seite um Seite für Sarah: Dann könnte ich höflich und respektvoll mit Christiane reden und sie bitten, mir ihre Anweisung in einem freundlichen und leiseren Ton zu geben. Ich würde mich nicht mehr schämen, ihr meine Bitte zu sagen. Ich könnte mit einem aufrechten Rückgrat für meinen Wunsch einstehen.

»Danke, Christiane, dass du dich so nett nach meinem Befinden erkundigt hast. Tatsächlich fühle ich mich momentan etwas irritiert. Ich brauche einen Moment Zeit, um mich neu zu sortieren.«

»Ja, klar«, wird Christiane erwidern, und der Bürosegen hängt wieder gerade.

Mögliche unbewusste Glaubenssätze: Nur wenn ich die Beste bin, bin ich gut genug. Ich muss immer die Beste sein, sonst sieht mich keiner. Ich muss allen zeigen, dass ich die Beste bin.

Verhalten des Kellerkindes: Mein Mann ist viel dicker als der Mann meiner Nachbarin. Wenn mein Mann schlanker wäre, sähe er auch besser aus neben dem Mann meiner Nachbarin.

»Du, Schatz, ich glaube, es wäre gut, wenn du mal eine Weile auf Kohlenhydrate verzichtest.«

»Wieso? Bin ich dir zu dick?«

»Aber nein! Es ist einfach gesünder, und ich möchte doch nicht, dass du krank wirst.«

»Ohne Nudeln werde ich aber krank.«

»Das wäre wirklich furchtbar für mich, wenn du krank werden würdest. Ich liebe dich doch. Also, versuchst du's mal mit einer Diät?«

Verbunden mit der uns innewohnenden Buddha-Natur, durch die milden Augen des Buddha, könnte sichtbar werden, dass diese Saboteurin, über ihren Status als Ehefrau, verzweifelt die Anerkennung und Bestätigung sucht, damit ihr mangelndes Selbstbewusstsein sich wieder gestärkt fühlt, das glaubt, ein dicker Mann würde ihr Ansehen schmälern. Sie schämt sich für ihren Mann, wertet ihn innerlich ab und glaubt dann, selbst auch nichts wert zu sein. Nur wenn ihr Mann nach den Maßstäben anderer, die sie unterstellt, gut aussieht, ist sie selbst okay, ist sie auch etwas wert.

Die positive Absicht des Quengelns und Rumnörgelns an ihrem Mann liegt also darin, ihr Sicherheit und Anerkennung zu verschaffen.

Eine innere Saboteurin, unter der auch mancher Single leidet, der glaubt, er wäre nur etwas wert, wenn er für alle sichtbar geliebt wird, also einen Partner hat. Wofür manchmal ein hoher Preis gezahlt wird … bis zur Selbstaufgabe.

In der Meditation, in Verbindung mit der ihr innewohnenden Buddha-Natur, kann sie sich innerlich verbinden mit diesem Saboteur. Diesem frierenden Kellerkind Anerkennung und Sicherheit geben, es ins Licht und in die Wärme des Buddhas lenken. So kann der nächste Schritt der Heilung geschehen: Wenn ich mich sicher und anerkannt fühle, was ist dann noch wichtig? Was möchte ich gern mit meinem Mann leben? Daraus kann ein neues Drehbruch entstehen:

Ist es nicht viel wichtiger, meinen Mann zu lieben für alles, was er ist und nicht ist? Ist es nicht viel wichtiger zu schätzen, was wir in unserer Beziehung leben, als mich mit anderen zu vergleichen?

Frau Grübel

Mögliche unbewusste Glaubenssätze: Ich muss alles bis ins Kleinste genau verstehen, von allen Seiten perfekt beurteilen und einordnen können.

Verhalten des Kellerkindes: Wie hat er das jetzt gemeint? Was will er mir eigentlich sagen? Vielleicht sollte ich … Aber woher weiß ich, dass es das Richtige wäre? Vielleicht sollte ich doch lieber nicht? Ich kann mich einfach nicht entscheiden. Ich bin unsicher. Ich weiß nicht, was ich will. Es ist alles so schwierig. Ich muss Bescheid wissen, sonst verliere ich die Kontrolle, und dann passiert etwas Furchtbares.

Verbunden mit der uns innewohnenden Buddha-Natur, durch die milden Augen des Buddhas, fragen wir: Was ist die positive Absicht dieses Saboteurs? Was will er für uns erreichen, wovor will er uns bewahren? Eine mögliche Antwort ist, dass dieser Saboteur furchtbare Angst hat und uns schützen möchte. Er will uns behüten vor Fehlern und Fehlentscheidungen, vielleicht will er uns bewahren vor der Blamage, die aus diesen Fehlern entstehen könnte. In der Meditation – aus der Verbindung mit dem Quantenfeld des Göttlichen – richten wir unser Bewusstsein auf diesen Saboteur und geben ihm all die Sicherheit und Wärme, die er braucht. So kann sich der Saboteur transformieren und zu einem Freund werden. Wir fühlen uns nicht mehr getrennt oder verabscheuen diesen Teil. Wir erkennen, dass er noch nicht verstanden hatte, was er eigentlich braucht. Doch nun, durchdrungen von der Liebe Buddhas, kann ein neues Drehbuch entstehen.

Die beste Version von mir selbst, mit einem transformierten Saboteur. Einem Aspekt meiner Persönlichkeit, der erwachsen geworden ist, statt zu grübeln, jetzt voller Weisheit durchdacht reflektieren und differenzieren kann.

Miss Perfect

Mögliche unbewusste Glaubenssätze: Ich muss alles perfekt machen. Ich darf keine Fehler machen. Nur wenn alles richtig ist, ist es gut. Nur wenn ich erschöpft und müde bin, habe ich was geleistet. Man wird an seinen Leistungen gemessen. Ich bin nur etwas wert, wenn ich viel tue, mache und fleißig bin.

Verhalten des Kellerkindes: Hart, unnachgiebig und herrisch klingt die Stimme von Martina, wenn ihre Perfektionistin das Ruder übernommen hat. So vieles passt noch nicht. Die Zeitschriften im Wartezimmer der Patienten ... schrecklich, wie unordentlich die rumliegen! Der Projektplanungsablauf muss nochmals verbessert werden ... die Mitarbeiter werden aufgescheucht und angeschrien. Abends sticht ihr vor allem das Durcheinander im Zimmer ihres kleinen Sohnes in die Augen. Sofort fängt sie an zu schimpfen, denn sie vergleicht das Bild des Durcheinanders mit ihrem inneren Bild des geordneten Zimmers, und der Unterschied ist geradezu unerträglich für ihren inneren Saboteur. Und später kann sie die erotische Lust ihres Mannes nicht erwidern, da die Küche ruft, die am nächsten Morgen so aussehen soll, wie Martina es in ihrem Inneren sieht: mit einer blank polierten Arbeitsplatte.

Verbunden mit der ihr innewohnenden Buddha-Natur, durch die milden Augen des Buddha, erleben wir in der Meditation tiefes Mitgefühl für dieses verlorene Kellerkind. Es will nur Gutes für uns. In seinem Modell der Welt folgt es streng seinem Gesetz: Wertvoll sein heißt, alles leisten müssen, und wehe, die hohe Messlatte ist nicht erreicht, dann ist man doch nicht gut genug für diese Welt.

Aus dem Mitgefühl kann ein neues Drehbuch entstehen: In dieser Version meines Selbst gebe ich immer mein Bestes, und zwar mit viel Freude. Auch wenn es manchmal wenig erscheint, so ist es das Bestmöglichste in diesem Moment. Wenn keine Freude oder Liebe dabei ist, halte ich inne und überdenke meine Handlung. Die Ichbezogenheit löst sich auf, und das Bewusstsein richtet sich wieder auf die Verbindung zum Wir. *Om mani padme hum* – zum Wohle aller fühlenden Wesen.

Martina erlebt in ihrer besten neuen Version, wie sie sich nach einem stressigen Arbeitstag zu Hause erst einmal zu ihrem kleinen Sohn setzt und tief atmet. Bewusst spiegelt sie die Haltung des Kindes (mehr darüber in meinem Buch mit Stephan Schwarz:

Richtig gut rüberkommen), bis sie spürt, wie die wohlige Wärme ihrer Liebe sie beide umfasst. Sie spielen ein bisschen zusammen und kuscheln liebevoll. Ein kostbarer Moment. Erst dann beginnt sie in neuer Gelassenheit – schließlich ist sie zu Hause und nicht im Job – aufzuräumen. Ihr kleiner Sohn macht jetzt freudig mit, denn er spürt die wärmende Liebe seiner Mama. Die Härte der Perfektionistin hat sich in der Berührung mit dem sanften warmen Kern der ihr innewohnenden Buddha-Natur aufgelöst.

»Seit ich meine Perfektionistin immer wieder in der Meditation heile, ist auch mein Sexleben viel freudiger und spontaner geworden«, flüsterte Martina mir in der Pause eines Seminars verschmitzt lächelnd zu. »Mir ist bewusst geworden, dass die Liebesbeziehung zu meinem Mann viel wichtiger ist als die aufgeräumte Küche.«

Ja, sie hat diesen inneren Saboteur aus dem Keller mit ins warme Bett geholt.

Frau Eifersüchtig

Mögliche unbewusste Glaubenssätze: Es gibt nicht genug Liebe. Ich habe Angst, zu kurz zu kommen. Ich habe Angst, dass für mich nicht genug da ist. Dass ich am Ende alles verliere.

Verhalten des Kellerkindes: Das weiß man doch heute, dass man Kindern nicht alles in den A… stecken soll. Es ist unerträglich, mit anzusehen, wie er seine Tochter verzieht. Auch wenn man sie nur alle zwei Wochen sieht, kann man doch einigermaßen vernünftig mit einem Kind umgehen. Und wieso redet er ständig mit so einer Singsangstimme mit ihr? Will er jetzt Sänger werden, oder was soll das? Aha, jetzt gibt es noch mal Kakao, er merkt nicht, wie sie ihn um den Finger wickelt. Eine Tasse hätte gereicht, und Zucker ist total schädlich für Kinder. Warum dauert das so lange, bis sie endlich im Bett ist? Wir sind schon eine halbe Stunde über der Zeit, vielleicht gibt es noch eine Gutenachtgeschichte und noch eine, dabei haben wir abgemacht, dass wir einen Film zusammen gucken, wenn sie endlich schläft. Wann bin ich endlich mal dran, schließlich ist das auch mein Wochenende!

Verbunden mit der ihr innewohnenden Buddha-Natur, durch die milden Augen des Buddhas, kann dieser verzweifelte Eifersucht-Saboteur in uns ein tiefes Mitgefühl entfachen. Er bewegt sich in seiner kleinen, engen Welt des Missverständnisses, dass es nur eine begrenzte Menge an Liebe gibt. Welch großer Irrtum! Das Geistesgift der Unwissenheit hat ihn vollkommen umnebelt: Ich will, dass er mir so zuhört, wie er seiner Tochter zuhört! Er soll mir genauso viel Aufmerksamkeit schenken.

Die Angst von Frau Eifersucht, dass nicht genug da ist, zusammen mit dem Fokus auf dem Ich, trennt sie noch mehr von all der Liebe, die sie umgibt. In der Meditation in Verbindung mit der Liebesquelle des Buddha wenden wir uns diesem Teil zu und fragen nach seiner positiven Absicht hinter all diesen Eifersüchteleien. Wir erkennen, dass es ihm an Zuwendung und Aufmerksamkeit mangelt: Ich will gesehen werden. Der Saboteur kann wütend oder weinerlich seine Forderungen anbringen. In seiner Verzweiflung kann dieser Saboteur uns zu unmöglichen Verhaltensweisen anstacheln, für die wir uns im Nachhinein oft schämen.

Auf der Ebene des Buddhas gibt es keine Scham, sondern Mitgefühl. Buddhistisch gesehen heißt Mitgefühl Verstehen. Wir beginnen in diesem Meditationszustand, den Saboteur in der Tiefe zu verstehen. Er weiß es nicht besser. Frozen in time. Aus diesem tiefen Verstehen entsteht ein tiefes Verzeihen. Dieses arme, eingefrorene Kellerkind hat so viel entbehrt, dass es tatsächlich glaubt, es gäbe nicht genug Liebe. Bis dieser Saboteur satt und trunken ist von der Liebe, die wir ihm in der Meditation zufließen lassen (geeignete Meditation: »Den inneren Saboteur heilen«), bis er sich vor uns verwandelt und wir dieses transformierte Selbst tief einatmen. Dann kann in uns ein neues Drehbuch entstehen.

Die beste Version von mir selbst, wie ich mich gerne in dieser Situation erlebe, wenn mein Liebster seine Tochter mit Liebe überschüttet: Ich bin erfüllt von Mitfreude über die ungetrübte, strömende Vater-Tochter-Beziehung. Ich spüre das Wir. Das ist jetzt wichtig: Dass wir zusammen eine wunderbare Zeit miteinander verbringen und dass ich mich geliebt und verbunden mit Buddha fühle und dadurch die richtige Entscheidung treffe zum Wohle meiner selbst und unser aller als Patchworkfamilie.

Eifersucht

Eifersucht
Und die meisten deiner anderen Leiden
Rühren aus deinem Glauben,
Du wüsstest es besser als Gott,

Natürlich erweist sich
Eine solche Art von Arroganz
Immer als verhängnisvoll
Und wird die Nähte
Deines Karawanenzeltes einreißen
Und herzlich viele gemeine Stechfliegen
Und seltsame Gedanken einladen,
Die dich komplett fertigmachen.

Daniel Ladinsky: *Ich hörte Gott lachen*, Gedichte inspiriert von Hafiz

Mögliche unbewusste Glaubenssätze: Die Welt ist bedrohlich. Alles macht mir Angst. Es ist mir alles zu viel. Diese Welt wird immer schlechter. Das Böse wird gewinnen.

Monolog des Kellerkindes: Der ganze Planet geht den Bach runter. Wie soll das nur weitergehen? Die sind alle so kalt und herzlos. Es ist alles hoffnungslos. Die Menschen haben diesen Planeten zugrunde gerichtet. Es macht alles keinen Sinn mehr. Es macht mir alles Angst. Es ist alles so deprimierend und sinnlos. Ich bin zu schwach für diese schlimme Welt. Ich sehe schon vor mir, wie alles kaputtgeht und nur noch schlimmer wird.

Verbunden mit der ihr innewohnenden Buddha-Natur, durch die milden Augen des Buddhas, erkennen wir die Verzweiflung dieses Kellerkindes. Es ist isoliert und hat keinen Bezug zu uns und dem Göttlichen in uns. Deshalb diese tiefen Ängste vor der Welt. In seiner positiven Absicht will uns dieser Saboteur bewahren und schützen vor all dem Bösen. Je mehr Angst, desto kleiner fühlen wir uns, wenn wir ganz okkupiert sind von diesem Kellerkind. Nun, als strahlender Buddha, durchdrungen von dem göttlichen Feld, bringen wir dieses traurige und ängstliche Kellerkind ins Licht und schenken ihm die Liebe und Sicherheit, die es so dringend braucht. Sobald das Gefühl der Sicherheit und das Gefühl von Geliebtsein diesen Aspekt unserer Persönlichkeit durchfluten, strömt eine neue Kraft in uns. Die Kraft der inneren Reife, mit diesem Leben umzugehen. Tatsächlich ist nämlich die Welt da draußen nicht anders, wenn wir aus der Meditation kommen. Das Leid und die Schwierigkeiten sind weiterhin da. Was sich jedoch durch die innere Transformation verwandelt, ist die innere Kraft, genährt durch das Göttliche, den Buddha in uns, an die wir jetzt angedockt sind. Es ist weit in uns, und wir fühlen uns ausgedehnt und groß und leuchtend. Wir lernen die Dinge so zu sehen, wie sie sind, ohne daran zu zerbrechen.

Die Zweiflerin

Mögliche unbewusste Glaubenssätze: Ich kann das nicht. Ich bin einfach nicht gut genug. Ich schaffe das nie. Am Schluss werde ich doch ausgelacht. Alle sind besser als ich.

Monolog dieses Kellerkindes, grässliche innere Stimme: Kannst du das? Schaffst du das? Ist das, was ich will, richtig, ist das, was ich kann, richtig? Was, wenn das schiefgeht? Ich habe solche Angst, etwas falsch zu machen. Ich habe Angst, mich zu blamieren. Ich habe Angst, dass es peinlich wird. Ich habe Angst, dass mich die anderen nicht mehr mögen.

Verbunden mit der ihr innewohnenden Buddha-Natur, durch die milden Augen des Buddhas, erkennen wir, dass dieses traurige, isolierte Kellerkind uns schützen will. Das ist seine positive Absicht. Aber mit dieser ewigen Bremse in uns könnten wir das Leben verpassen. In der Transformation der Meditation zeigen wir diesem Saboteur, wohin wir uns entwickeln möchten (geeignete Meditation »Den verlorenen Saboteur nach Hause bringen«). Wo sammeln wir Erkenntnisse, was uns noch fehlt an Fähigkeiten, Kompetenzen, die wir fördern könnten, um unsere Wünsche und Ziele zu manifestieren? Gleichzeitig fördern und stärken wir in der Meditation das Bewusstsein und Vertrauen in das, was sich durch uns ausdrücken möchte. Es wäre doch schade, wenn wir es nicht in die Welt bringen könnten! Für uns selbst und andere. Wenn wir den

Zweifler transformieren, ins Licht bringen, können wir uns mutiger mit all unseren Fähigkeiten ausdrücken. Wir lösen uns von der Ichzentriertheit und richten uns auf das Wir. Was möchte sich durch mich ausdrücken zum Wohle der anderen?

Die großartige Tanzlehrerin Martha Graham aus New York fasst es wunderbar in Worte: »Es gibt eine Vitalität, eine Lebenskraft, eine Beschleunigung (eine Energie), die durch dich in Handlung übersetzt wird, und weil es dich nur einmal in der Zeit gibt, ist dieser Ausdruck einmalig. Wenn du dies blockierst, wird es niemals durch irgendjemand anderen leben und verloren sein. Die Welt wird es nicht haben. Du hast nicht herauszufinden, wie gut es ist oder wie es sich mit anderen Ausdrücken vergleichen lässt. Deine Aufgabe ist es, den Kanal dafür offen zu halten.«

Frau Neidinger

Mögliche unbewusste Glaubenssätze: Ich bin weniger wert als die anderen. Ich komme immer zu kurz. Ich fühle mich minderwertig. Die anderen haben es immer besser. Die anderen haben immer mehr. Ich bin nicht gut genug. Ich bin immer die Doofe.

Verhalten des Kellerkindes: Schau mal. Hat die tatsächlich Jimmy-Choo-Schuhe an? Bei den Waden? Also, sorry, aber da helfen auch Jimmy Choos nichts. Prall bleibt prall. Da sieht man mal wieder, dass Geld allein nicht glücklich macht. Klar kann man sich solche Schuhe kaufen. Aber 800 Euro machen eben keine schönen Waden. Eigentlich ist das ja total peinlich. Also, wenn ich schon überhaupt keinen Geschmack hätte, würde ich echt nicht auch noch alle drauf hinweisen. Allein diese Schuhe kaufen zu können heißt ja nicht, dass man sie auch tragen kann.

Verbunden mit der ihr innewohnenden Buddha-Natur, durch die milden Augen des Buddhas, erkennen wir die Verzweiflung dieses Saboteurs. Der innere Schmerz der Minderwertigkeit ist so stark, dass er durch sein Verhalten, durchdrungen von dem Geistesgift Abwehr, die andere zuerst abkanzelt, damit wir uns wieder erhöhen können und uns besser fühlen. Das ist seine positive Absicht. Auch wenn im Nachhinein eben doch ein bitterer Geschmack bleibt. Sich wertvoll und geliebt zu fühlen ist sein dringendes Bedürfnis – also werden wir in der Meditation diesen Saboteur immer und immer wieder umarmen.

Im Lichte des Buddha kann ein neues Drehbuch entstehen von der besten Version von uns selbst. Durchdrungen und erfüllt von der wahren Liebe aus dem Quantenfeld der grenzenlosen Möglichkeiten könnte ein Selbst entstehen, das, weil es Liebe in sich für sich selbst spürt, die Ichbezogenheit auflöst und stattdessen den Fokus auf das Wir lenkt. Wenn ich mich in mir geliebt fühle, nährende Wärme spüre, mich wertvoll und angenommen fühle, was wäre dann möglich? Wie könnte ich mich in der Welt zeigen? Könnte es sein, dass dann die Mitfreude für die andere Frau möglich und noch wichtiger ist? Wäre es dann möglich, dass ich mich sehe, wie ich wirklich Freude in mir spüre und mit ihr teile. Weil ich mich freue, dass sie sich freut, diese fantastischen Jimmy Choos zu tragen. Könnte ich dann so großzügig sein und ihr das wahrhaftig und glücklich sagen?

Das Klagemauerblümchen

Mögliche unbewusste Glaubenssätze: Ich Ärmste. Mir ist alles zu viel. Ich bin total überlastet. Immer muss ich alles machen. Alles hängt an mir. Ist es nicht schrecklich? Ich bin das ewige Opfer. Poor little me.

Monolog des Kellerkindes: Ich habe so schlecht geschlafen, und dann war auch noch die U-Bahn so voll. Seit der Reorganisation in unserem Team hängt wieder alles an mir. Oh, heute tut mir der Rücken so weh. Nie wird Rücksicht auf mich genommen. Heute ist nicht mein Tag. Es ist alles so schwer für mich.

Durch die milden Augen des Buddhas erkennen wir in der Meditation, was die positive Absicht des Jammerns und Klagens ist. Dieses verlorene Kellerkind lechzt danach, gehört, gesehen und berührt zu werden. Eigentlich sollte es dringend in die Arme genommen zu werden. Es will geliebt sein, doch fehlt ihm der Mut, zu dem zu stehen, was es wirklich braucht. Das ist in der Meditation anders, durchdrungen von den höheren göttlichen Ebenen und außerhalb unserer Persönlichkeit. Und der geht dieser Teil manchmal ziemlich auf die Nerven, denn er macht ja alles noch schlimmer, weil wir uns nach der Jammertirade verachten und ablehnen und manchmal sogar schämen. Auf den höheren göttlichen Ebenen können wir diesem nach Liebe ausgehungerten Saboteur genau das geben, was er braucht.

Das neue Drehbuch, als die beste Version von uns selbst, übernimmt die Verantwortung für seine Bedürfnisse. Es traut sich, Ziele zu stecken, und lernt, dafür einzustehen, was es braucht. Es jammert nicht, sondern äußert sich klar: »Ich wünsche mir, dass wir mehr Zeit miteinander verbringen. Ich habe starke Kopfschmerzen, könntest du bitte etwas leiser sprechen, bis es mir wieder besser geht? Ich danke dir.«

Frau Weißallesbesser

Mögliche unbewusste Glaubenssätze: Ich muss immer recht haben, nur dann bin ich wer. Die anderen sind eben meistens doof.

Ich weiß einfach besser, wo es langgeht. Deshalb muss ich den anderen zeigen, was richtig ist.

Verhalten des Kellerkindes: Bereits als die ersten Worte wie scharfe Munition aus ihrem Mund schossen und Natalie das erschrockene und verdatterte Gesicht ihrer Kundin sah, merkte sie: »O je, ich bin mal wieder übers Ziel hinausgeschossen.« Ein kurzer Moment von betretenem Schweigen. Natalie versuchte zu retten, was zu retten war. Doch das war nicht mehr viel. Diesen Auftrag würde sie nicht nach Hause bringen. Und das wegen so einer Lappalie, weil die Kundin einen Schauspieler verwechselt und Natalie darauf beharrt hatte, es besser zu wissen.

»Du musst endlich lernen, dich besser im Griff zu haben«, rief Natalies Ehemann und Geschäftspartner Wolfgang aufgebracht ins Handy. »Du weißt doch, wie wir im Moment dastehen! Wir können es uns nicht leisten, einen Kunden zu verlieren.«

»Dann geh doch du in den Außendienst«, fauchte Natalie, »wenn du alles besser weißt!«

Obwohl Wolfgang sofort einlenkte, beutelte sie die Situation sehr. Wolfgang hatte ja recht. Warum nur machte sie sich selbst mit ihrer vorschnellen Art so vieles kaputt?

Verbunden mit der ihr innewohnenden Buddha-Natur, durch die milden Augen des Buddhas, meditierte Natalie. Als die inneren Schamgefühle etwas abflauten und sie bereit war, diesen Saboteur freundlich zu betrachten, begann sie einen Dialog mit ihm. Das war gar nicht ganz einfach, denn dieser Saboteur reagierte wütend und hart. Ohne Frage war er im Recht. Er wusste Bescheid, von Haus aus. Wieso sollte er etwas ändern? Der Saboteur war kein Häufchen Elend, sondern eher ein »Feuerteufel«. Doch Natalie blieb dran und hatte keine Angst. Langsam und beharrlich näherte sie sich in der Meditation diesem Saboteur an. Hinter der Mauer der Rechthaberei und der starken Ichbezogenheit, die doch immer wieder zur Isolation und Trennung von allem führte, entdeckte sie eine tiefe Wunde: seine Angst, wirklich zu fühlen, was ist. Nämlich die Angst, verwundbar zu sein. Die tiefe Angst, sich mit der sanften, weichen Stelle – dem Göttlichen, der Liebe – zu verbinden.

In der Meditation »Den inneren Saboteur heilen« wurde Natalie bewusst, dass dieser Rechthaber zwar nach Macht strebt, jedoch weiche, sanfte wärmende Liebe braucht. Stufe um Stufe kam das Kellerkind in Berührung mit dem göttlichen Quantenfeld, begann zu heilen und sich zu transformieren. Natalie erkannte: Wenn sich dieser innere Saboteur gesehen fühlt und kraftvoll seine positive Absicht leben darf, kann er entspannen.

Und daraus entsteht ein neues Drehbuch für Natalie. Der innere Saboteur ist jetzt in Verbindung mit ihrem Ganzen. Die Ichbezogenheit weicht sich auf, und sie spürt, was ihr wichtiger ist, als recht zu haben und zu korrigieren. Eine neue beste Version von Natalie entsteht und wächst, in der sie eine heitere, lebendige und erfolgreiche Beziehung zu ihren Kunden aufbaut. Sie visualisiert, wie sie einer Kundin zuhört und im Inneren schmunzelt, weil sie erkennt, dass die Kundin einen Schauspieler verwechselt und vom falschen spricht. Doch ist das wichtig, wenn die Kundin so voller Freude und Begeisterung den ganzen Film erzählt? Natalie nimmt die Energie ihrer Kundin wahr und spürt, dass ihr das Gefühl des Verbundenseins wichtiger ist als die Korrektur. So bleibt es warm und fließend in ihr, und der Rechthaber-Saboteur muss nicht die Munition hervorholen, denn er ist erfüllt von der Wärme des Buddhas in seinem Inneren, wie der Weisheitslehrer Chögyam Trungpa schreibt: »Das Herz ist dazu da, immer wieder zu brechen. Nicht zu zerbrechen, sondern aufzubrechen und sich für eine stärkere Verbindung mit einem selbst und der Welt zu öffnen.«

Cordula Controlletti

Mögliche unbewusste Glaubenssätze: Das Leben ist gefährlich. Ich kann niemandem vertrauen. Nur ich mache es richtig. Nur wenn ich es selbst erledige, wird es gut. Am besten, ich mache alles selbst.

Verhalten des Kellerkindes: »Achtung! Da vorn ist ein Radfahrer.« – »Hab ich gesehen.« – »Blinker! Du hast den Blinker nicht gesetzt beim Überholen … Nicht so schnell, geh runter vom Gas …«

Unvergessen ist mir dieser Teilnehmer, der im Seminar augenzwinkernd und mit entsprechend theatralischer Gestik seine Frau auf dem Beifahrersitz spielte. Wir haben Tränen gelacht, ich auch – und dachte: Oh, das kenn ich auch von mir. Interessant war seine Antwort, was er sich von seiner Frau wünschen würde: »Dass sie mir vertraut und sich freudig und entspannt von mir chauffieren lässt.«

Ein Jahr später lernte ich die Ehefrau, Michaela, bei einem Seminar persönlich kennen. »Ich muss doch mal checken, wer sich hier über mich als Beifahrerin amüsiert hat«, erklärte sie mir mit einer großen Portion Humor – und bereitete damit bereits den Weg zur Transformation ihres inneren Saboteurs. Mit Humor geht alles leichter.

Verbunden mit der ihr innewohnenden Buddha-Natur, durch die milden Augen des Buddha, erkannte Michaela, dass ihrem Kellerkind Vertrauen fehlte. Sie nahm diesen kraftvollen Saboteur, der hart und gebieterisch kontrollieren konnte, in der Meditation an die Hand. Wie oft war Michaela schon in Schwierigkeiten geraten, weil sie sich ständig einmischen musste, weil sie sich nicht entspannen konnte, ohne nachzufragen, ob auch alles in Ordnung wäre. »Ich bin eben so«, hatte sie gesagt. Nun begann ein Dialog mit dem verunsicherten und ängstlichen Kellerkind, das nicht sie war, das aber doch zu ihr gehörte. Michaela erlebte, wie verunsichert und ängstlich dieses Kellerkind war, auf das sie durch die milden Augen des Buddhas freundlich und wohlwollend schauen konnte. Allmählich löste sich die Trennung auf. Ihr innerer Saboteur fühlte sich zunehmend gesehen. Sicher, angenommen und umarmt von Buddha konnte er beginnen zu vertrauen.

In dem neuen Drehbuch von ihrer besten Version fühlte sich Michaela groß und kraftvoll auf dem Beifahrersitz im Auto, und gleichzeitig spürte sie die Liebe für ihren Mann und das Wir-Gefühl. *Wir sind in Verbindung, und ich vertraue.* Nach einer Weile erzählte sie mir lachend in der Pause eines Kurses der Leadership-Ausbildung: »Connie, mein Mann fährt wieder richtig gerne Auto mit mir, seit ich seinen Fahrstil nicht mehr kritisiere und kontrolliere. Ich mag mich auch selbst wieder lieber, und wir haben manchmal richtig gute Gespräche während der Autofahrt.«

Wahrheit ist wandelbar

Jede und jeder von uns hat seine eigene Wahrheit, und sie unterscheidet sich, je nachdem wie unsere Persönlichkeitsteile ausbalanciert sind. Im göttlichen Quantenfeld jedoch gibt es nur eine einzige Wahrheit. In Buddhas Licht sind wir alle miteinander verbunden und teilen eine Wahrheit von Licht und Liebe. Gewiss kann es Spaß machen, sich einen Blockbuster reinzuziehen. Doch wenn ein innerer Saboteur auf dem Regiestuhl sitzt, werden wir keinen tollen Filmabend haben.

Tun wir es dennoch immer wieder? Nein, jetzt kennen Sie den Aus-Knopf. Der allerdings, das gehört zur Wahrheit, nur ein Stand-by-Modus ist. Solange wir leben, ringen wir um Bewusstheit. Wir können Anhaftung und Ablehnung reduzieren, die Sendezeit von Samsara wird geringer, und vielleicht sehen wir irgendwann fern ohne Werbeblock!

BUDDHAS HILFE BEI SELBST-SABOTAGE

Zu Hause vor dem Spiegel war Pias Welt noch in Ordnung, und mehr als das. Sie fühlte sich unwiderstehlich mit der neuen Frisur, und für das rote Kleid hatte sie sogar zwei Kilo abgenommen. »Für das Kleid oder für dich«, hatte ihre Mitbewohnerin sie geneckt, ihr dann aber versichert: »Du siehst umwerfend aus.« Sie hatte Pia einen schönen Abend gewünscht. Ja, den würde Pia haben nach all dem Stress der letzten Zeit. Und vielleicht, vielleicht, vielleicht wäre Sven auch da.

Doch dann stand nicht Sven vor ihr, sondern Anne. »Bist du nicht in Brüssel?«, stammelte Pia überrumpelt, denn das wussten doch alle, dass Anne erst in vier Wochen wiederkommen wollte.

»Extra für die Party eingeflogen«, lachte Anne und hakte sich bei Pia unter. Schlagartig verpuffte Pias Freude auf den Abend. Anne sah hammermäßig gut aus. Und wie sie strahlte! Alle wollten sich mit ihr unterhalten, denn Anne hatte den Jackpot geknackt: Acht Wochen als Junior-Korrespondentin für ein Wirtschaftsmagazin. Wie hatten sie das gefeiert, wie hatte Pia sich mit Anne gefreut. Deshalb verstand sie nicht, dass sie sich so gar nicht über dieses überraschende Wiedersehen freuen konnte, sondern sich im Gegenteil ärgerte. Hätte Anne ihr nicht sagen müssen, dass sie in der Stadt war? Schließlich waren sie Freundinnen, im letzten Semester hatten sie fast jeden Tag zusammen gelernt. Aber jetzt war Anne wohl was Besseres?

»Na?«, fragte Anne, und das Strahlen in ihrem Gesicht hörte gar nicht mehr auf. *Wenn die so weitermacht, hat sie ganz schnell ganz viele Falten,* schoss es Pia durch den Kopf.

»Alles okay bei dir?«, wollte Anne wissen.

»Klar«, log Pia.

»Hast du eine neue Frisur oder schon länger?«, fragte Anne. Keinem sonst war das aufgefallen. Doch weil es von Anne kam, empfand Pia es nicht als Kompliment. Sie winkte ab: »Eine Weile«, und war erleichtert, als eine ihr unbekannte Frau Anne um den Hals fiel und sie mit einem Schwall Fragen begrüßte. »Du hier? Ich dachte … Wo kommst du her? Was machst du? Wie geht's dir, schön dich zu sehen! Wir haben dich ja alle so vermisst!«

Bisschen übertrieben, fand Pia. Überhaupt waren komische Leute auf der Party. Bestimmt alles Überflieger. Sie holte sich etwas zu trinken und merkte, dass sie am liebsten nach Hause wollte, ja schon an einer Strategie feilte. Menstruationsbeschwerden?

Sie versuchte sich zu besinnen und dachte an das Seminar, das sie kürzlich bei mir besucht hatte. Sie atmete einige Male bewusst und spürte, wie verspannt sie war. Es dauerte länger als zehn Sekunden, bis ihr Brustkorb weich wurde. Pia fragte sich, woher die Störgefühle in ihrem Körper kamen. Von Anne, na klar, aber warum? Sie mochte Anne doch! Also war ein innerer Saboteur am Werk, aber welcher? Pia konzentrierte sich auf ihr Störgefühl, machte es groß und größer und ließ alle Gedanken und Gefühle zu: Wenn Anne wirklich meine Freundin wäre, dann hätte sie mich nicht ins Messer laufen lassen. Ich hätte gewusst, dass sie in der Stadt ist. Sie wollte mich vor allen anderen demütigen, die ja jetzt gemerkt haben, dass wir uns nicht so nahestehen, wie ich glaubte, sonst hätte ich es erfahren. Sie werden sich fragen, warum die tolle Anne nicht mit Pia befreundet ist, und zu dem Schluss kommen, dass Pia nicht nur ein hässliches Entchen, sondern auch eine graue Maus ist und zum Gähnen langweilig.

Groß, größer, grotesk und lachende Buddhas

Pia wendete eine erfolgreiche und dabei spielerische Strategie an. Sie verstärkte ihre Vorbehalte, blähte sie zu einer Groteske auf, um den inneren Saboteuren den Wind aus den Segeln zu nehmen: Es gehört sich, dass man alle seine Freunde und Bekannten jederzeit informiert, wenn man einen Ortswechsel vornimmt. Zuerst ruft man seine Mutter an und dann alle anderen, das macht man einfach so, und wer es nicht macht, ist unten durch.

Jetzt musste Pia grinsen, und sie wurde weicher. »Du armes kleines süßes graues Mäuschen«, sprach sie ihren inneren Saboteur direkt an. »Hast mal wieder Angst, dass dich keiner mag und dich alle übersehen.« Kaum ausgesprochen, spürte Pia, wie ihre gestockte Energie in Fluss kam. Sie atmete das Leuchten ihrer Buddha-Natur tief in sich ein und erkannte, worum es wirklich ging. Ein aus der Zeit gefallenes Kellerkind war gekränkt und ein bisschen neidisch und litt an Minderwertigkeitsgefühlen. Diesen Giftcocktail wollte Pia aber nicht zu sich nehmen, sonst hätte sie sich vor Anne gestellt und sie zur Rechenschaft gezogen: Ich dachte, wir sind Freundinnen!

Wie peinlich wäre das gewesen! Vor Scham wäre sie später, wieder bei klarem Verstand, in den Boden versunken! Hätte sich selbst bezichtigt: Wie konnte ich so blind für die Realität sein. Nun, das geschieht, wenn wir getrieben von den Bedürfnissen eines ichbezogenen inneren Saboteurs sind – mit traurigen Konsequenzen.

Manchmal schämen wir uns im Nachhinein so sehr, dass wir den Menschen, dem wir, wie wir später wissen, Unrecht getan haben, nicht mehr begegnen wollen. So opfern wir unseren inneren Saboteuren sogar langjährige Freundschaften.

Wir sind Freundinnen, fühlte Pia, als sie Anne beobachtete, die mit ihren typischen weit ausholenden Anne-Gesten etwas erzählte. Ihre Zuhörer lachten. Pia kehrte aus der Ichbezogenheit zurück ins *Wir* ihrer Freundschaft und spürte, wie neugierig sie auf Annes Geschichten war. Ihre Zuneigung floss zu Anne. Schön, diese verrückte Anne zu kennen. Pia atmete das Gefühl der Freundschaft tief in sich ein. Ja, klar waren sie befreundet, und genau deshalb hatte Anne ihr nichts verraten, die Überraschung sollte gelingen. Wie viel schöner war es, in Verbindung mit der Freundin und allen anderen Gästen zu sein, dazuzugehören, zusammen Spaß zu haben. Tausendmal schöner, als sich von einem inneren Saboteur in die Isolation verbannen zu lassen …

Pia hatte die Wahl, wie wir in solchen Situationen immer die Wahl haben. Sie entschied sich für die erwachsene Pia, und als solche klopfte sie bei ihrem Kellerkind an und fragte es, ob es nicht auch dabei sein wollte. Nur mal schnuppern.

Pia hatte an der besten Version von sich selbst angedockt. Das hätte sie bereits zu Hause tun können, in der Vorbereitung auf die Party. Denn nicht nur im Berufsleben können wir uns vorbereiten. Wir können uns jederzeit in der besten Version von uns selbst visualisieren. Dass wir mit einem weiten, warmen, offenen Herzen Menschen mit einem weiten, warmen, offenen Herzen treffen, mit denen wir gemeinsam einen schönen Abend verbringen werden. Oder einen erfolgreichen, wie in der folgenden Geschichte.

Peter hat sich gut auf das Netzwerktreffen vorbereitet mit seiner besten Version von sich selbst: Er sieht, wie er die Haustür später am Abend öffnen wird, beschwingt und durchdrungen von seinem wichtigsten Wert: Erfolg. Seine Augen strahlen Freude aus, seine lockere Haltung spiegelt den Wert von Selbstbewusstsein. Er hat sich in erfolgreichen Akquisitionsgesprächen mit mindestens fünf potenziellen Kunden visualisiert und sich dabei selbstbewusst, überzeugend, souverän und sympathisch präsentiert. Top vorbereitet betritt er den kleinen Saal in einem Hotel, in dem das Netzwerktreffen stattfindet, und stellt fest, dass überall kleine und größere Grüppchen ins Gespräch vertieft sind. Alle scheinen sich zu kennen, niemand nimmt Notiz von ihm.

Peters Zuversicht platzt wie ein Luftballon, der Zweifler meldet sich: *Ich kann gleich wieder nach Hause gehen. Das wird doch nichts. Wie soll ich hier neue Kunden gewinnen? Die machen ihre Geschäfte untereinander. Die haben kein Interesse an einem Neuling.* Der Hoffnungslose schaltet sich dazu: *Du hättest mal besser daheimbleiben sollen.* Der Abwertende gibt ihm den Rest: *Glaubst du, die haben auf dich gewartet? Für die bist du ein No-Name, die werden sich nicht mal mit dir unterhalten, so blöd wie du in der Gegend rumstehst.*

Gedanke für Gedanke ist Peter kleiner geworden, er hat sich selbst geschrumpft und verspottet sich, es klingt bitter: *Was hast du dir da wieder mal Tolles vorgestellt. Die Leute hier sind dir um Längen voraus. Wie kann man nur so blöd sein zu glauben, man pumpt sich ein bisschen auf, und dann läuft alles wie von selbst.*

Peter spürt seinen verkrampften Nacken, und er schwitzt. Sein Anzug kommt ihm auf einmal so eng vor; die meisten Anwesenden sind lässiger gekleidet. Peter nimmt ein Glas Sekt von einem Kellner entgegen und spürt, wie feucht seine Hand ist. Beinahe wäre ihm das Glas herausgerutscht, das hätte gerade noch gefehlt. Mit einer Spur von Galgenhumor kommt ihm in den Sinn:

Dann würden sie mich wenigstens mal wahrnehmen. Gleichzeitig geschrumpft und irgendwie doch riesengroß, vor allem mit riesengroßen Händen, steht er verloren im Raum und weiß nicht, was er tun soll. Wenn ihm jetzt jemand eine Zigarette anbieten würde, er würde nicht zögern, obwohl er so stolz ist, dass er seit sechs Monaten zu den Nichtrauchern zählt. Niemals!

Eine neue Stimme taucht auf. Peters innerer Fokus richtet sich auf sein zukünftiges Selbst, wie er später nach Hause kommen wird. Er dockt innerlich wieder an diese Version an und findet den Mut, sich zu einer Gruppe hinzuzugesellen. Irgendwann ist er mitten im Gespräch, verbunden mit den Menschen, die er jetzt kennenlernt. Daraus kann viel Gutes entstehen.

Peter könnte auch mit Humor wieder zu seiner besten Version von sich selbst finden. Buddhas lieben Humor! Peter könnte sich selbst dabei beobachten, wie er mit übergroßen Händen ein winzig kleines Glas Sekt balancieren will ... eine Comedy ... Durch die Verstärkung seiner Unbeholfenheit würde er weicher ... und auch erkennen, dass die Situation nicht so dramatisch ist, wie seine inneren Saboteure sie darstellen. Es ist doch nur ein Netzwerktreffen. Menschen versammeln sich zu einem ungezwungenen Come Together, und alle wollen im Grunde das Gleiche. Allein schon das ist eine Gemeinsamkeit!

Die Buddha-Perspektive ...

... auch Adlerperspektive genannt, verändert durch Buddhas weise Sicht auf die Dinge unser Bewusstsein. Wir stecken nicht mehr tief drin im Problem, in der Selbstabwertung, im Neid, in den Komplexen, sondern sehen das große Ganze – und wie unbedeutend dieses klitzekleine Detail ist, das wir mit unserer Aufmerksamkeit so unendlich aufgebläht haben. Im Buddhismus interessieren wir uns für das Wesen der Probleme – und lösen sie an der Wurzel. Wir erforschen die Aspekte jener geistigen Haltungen, mit denen wir uns selbst behindern. Je tiefer wir das verstehen, umso besser können wir unser seelisches Wohlbefinden steuern. Dazu bilden wir im Lauf der Zeit sensible Antennen aus, mit denen wir die leisen Signale aus unserem Inneren frühzeitig wahrnehmen. So erkennen wir schnell, wo Handlungsbedarf besteht, und werden nicht von unseren Reaktionen auf die Aktivierung unserer Triggerpunkte überrollt. Dann würde es nämlich eng werden und grau, und wir wären so mit dem Problem identifiziert, dass wir keinen Ausgang mehr finden.

So weit lassen wir es gar nicht kommen. Wir heben ab, ohne Bodenhaftung zu verlieren. Wir verlassen den engen Keller, in dem die Welt aus Schmach oder Unsicherheit oder Mangel besteht, erheben uns über das Haus in den Himmel und erkennen: Die Welt ist nicht der Keller. Unser riesengroßes Problem sieht in der Adlerperspektive, aus unserer Buddha-Natur betrachtet, ganz anders aus: Es wird viel, viel kleiner, und es verliert an Macht und Farbe … wir können durchatmen und sind nicht mehr erdrückt von einem Problem, einer Sache, die falsch läuft. Wir haben sie zurechtgerückt. Wir üben uns darin, uns selbst aus der Perspektive des Buddhas zu sehen. Durch seine milden Augen können wir freundlich auf uns schauen.

Wir nehmen wahr, was wirklich ist, anstatt uns über das aufzuregen, was wir glauben zu wissen, denn das ist immer nur ein klitzekleiner Bruchteil, weil wir niemals das Ganze erkennen können. Ein guter Geist ist wach … und er kann spielen.

So tun als ob – Fake it till you make it

Fakt it … klingt nach Betrug? Ist es aber nicht, es ist eine wirkungsvolle Erste Hilfe, eine Brücke zu Ihrer inneren Buddha-Natur. Sie nehmen nur etwas vorweg, nämlich die beste Version von sich selbst. Sie tun so, als wären Sie bereits in der Gegenwart in der besten Version von sich selbst, und üben dadurch das Downloaden dieser besten Version auf die Festplatte. Sie gewöhnen Ihren Körper auf der physischen Ebene an das Gefühl dieser besten Version, Sie integrieren es und erleben es auf diese Weise bereits jetzt als real. Anders gesagt: Sie üben sich darin, sich an Ihre Zukunft zu erinnern. Sie üben, das zu denken, was Ihre beste Version denkt. Sie üben sich darin, sich so zu bewegen und so zu verhalten wie Ihre beste Version.

Lachend erzählte mir ein Freund kürzlich, dass er beim Joggen regelmäßig übe, wie es sich anfühlen würde, im Lotto 30 Millionen gewonnen zu haben. »Erstaunlich, wie groß mein Energiefeld sich anfühlt und sich noch mehr erweitern muss, um diesen Reichtum umfassen zu können«, sagte er verwundert.

Idealerweise sind Sie vertraut mit Ihrer besten Version, die Sie vielleicht sogar im Vorfeld eines Ereignisses aufgebaut haben. Wenn wir trainiert darin sind, können wir sie sehr schnell abrufen. So wie Peter, der sich beim Netzwerktreffen schlussendlich in seiner besten Version von sich selbst zu einem Gesprächskreis stellt. Und weil er in dieser besten Version eine attraktive, strahlende Ausstrahlung hat, sehen ihn alle an. Er muss nicht kämpfen, um gehört zu werden, er muss nichts tun, außer in seiner besten Version zu leuchten. So weckt er Interesse, und so stellt er sich vor. »Ich heiße Peter, und ich bin neu hier.«

Schon öffnet sich der Kreis für ihn. Die anderen interessieren sich für ihn, stellen ihm Fragen, auf einmal ist alles ganz leicht.

Wenn Sie an Ihre beste Version von sich selbst denken – wie stehen Sie dann da? Ist Ihre Haltung gebeugt? Menschen mit Charisma stehen aufrecht, weil die Energie nur durch ein aufrechtes Rückgrat gut fließen kann. Menschen mit Charisma atmen nicht flach, denn sie haben keine Angst. In der besten Version von uns selbst atmen wir tief und gleichmäßig. Unsere Augen strahlen, in ihnen leuchtet das Licht des Buddhas. In der besten Version von uns selbst spüren wir, welche Gefühle jetzt im Moment wichtig für uns sind. Welche Werte wir jetzt im Moment brauchen. Wir können aus der Fülle unseres Potenzials schöpfen, es gibt keine Blockaden, alles steht uns zur Verfügung, ob Selbstbewusstsein oder Einfühlvermögen, Schlagfertigkeit oder Nachdenklichkeit, alles ist da. Unser Körper ist weich und durchströmt von pulsierender Energie.

Der große Unterschied zwischen der besten Version von uns selbst und den inneren Saboteuren liegt darin, dass ihre Energie angstvoll, eng, schwer und dunkel ist. Während wir uns in der besten Version unseres Selbst innerlich als weit, groß, hell, fließend empfinden. Indem wir so tun, als ob wir bereits in der besten Version wären, durchströmt uns ihre Energie, und auf einmal sind wir tatsächlich unsere beste Version. Dann kann das Leben wieder durch uns fließen. Je geübter wir sind, desto schneller geht es. Wir stellen das Wi-Fi zur Buddha-Natur auf höchsten Empfang. Wir blenden die Störsignale des Ich-Ich-Ich aus, die uns blockieren, und verbinden uns mit anderen Menschen, mit einer Sache. Darum geht es auf dem Netzwerktreffen, nicht um Ich-Ich-Ich, wie den Zweifler in Peter, sondern um die Projekte, die Menschen und das, was sie brauchen. Was kann Peter mit seiner Firma beisteuern?

Sich auf seine inneren Saboteure zu konzentrieren wäre alles andere als förderlich und auch langweilig, denn die kennt er zur Genüge. Diese Menschen hier sind neu für ihn – das ist spannend und inspirierend! Am Ende des Abends hat Peter keine Zigarette gebraucht, um das Netzwerktreffen zu überstehen, ganz im Gegenteil, beflügelt verabschiedet er sich von seinen Gesprächspartnern. Viele Visitenkarten wurden getauscht, man bleibt in Kontakt, natürlich: Schön, dass wir uns heute kennengelernt haben.

Peter war mutig. Er ist ins kalte Wasser gesprungen, doch in seiner besten Version von sich selbst konnte er nicht untergehen. Peter hat einem sehr subtilen Saboteur namens Enttäuschung keine Nahrung gegeben. Die Glaubenssätze des subtilen Saboteurs, der auf Enttäuschung programmiert ist, lauten: *Schon wieder nicht geschafft.* Manche Menschen setzen sich keine Ziele, weil sie Angst haben, sie nicht zu erreichen. In der besten Version von uns selbst, genährt durch das, was uns Sinn und Wertigkeit vermittelt, wissen wir jederzeit, was das Richtige für uns ist, jetzt in diesem Moment. Unsere Talente und unser Potenzial fließen frei und in Verbindung mit anderen Menschen. Ziele zu setzen macht uns keine Angst, da wir wissen, wie wir sie erreichen können: mit der besten Version von uns selbst.

AUS FEINDEN FREUNDE MACHEN: SABOTEUREN DIE HAND REICHEN

Ich hatte Laura als Teilnehmerin an einem Seminar kennengelernt – eine fröhliche Mittdreißigerin – und war ein wenig erschrocken, als sie zwei Jahre später zu einem Einzelcoaching zu mir kam. Sie wirkte sehr bedrückt, kraftlos, schwach, regelrecht abgetrennt von sich selbst und hatte ihr strahlendes Lächeln verloren. Was war geschehen?

»Mein Chef ist ein totaler Idiot«, begann Laura unumwunden. »Der kriegt nicht mit, um was es geht, er will immer nur sich selbst reden hören und checkt nicht, dass ich bei unserem derzeitigen Projekt mit meiner Ausbildung die Expertin bin und nicht er.«

Ich nickte und hörte weiter zu, wie Laura Schubladen aufriss und ihren Chef hineinsteckte. Er sei Narzisst und eiskalt und unfähig und eitel und selbstbezogen. Laura verachtete ihn, sie hatte körperliche Aversionen gegen ihn. Wie sehr sie das schwächte, konnte ich deutlich an ihrer immer dünner und schriller werdenden Stimme hören und an ihrer eingesunkenen Körperhaltung sehen. Schließlich schluchzte sie: »Ich muss kündigen!«, um mir gleich darauf zu erklären, dass das Projekt, an dem sie mit ihrem Chef arbeitete, eigentlich der Traum ihres Lebens sei.

Nachdem sie eine Weile gewütet und geweint und sich leer geklagt hatte, besann sie sich. »Kündigung ist natürlich keine Option.«

»Aus welchem Grund nicht?«, erkundigte ich mich.

»In meiner alten Firma hatte ich ein ähnliches Problem. Ich muss herausfinden, ob es an mir liegt und was genau es ist, dass ich mit Autoritäten nicht zurechtkomme, denn ich glaube, da gibt es ein Muster, und das wird sich so lange wiederholen, bis ich es gelöst habe oder selbst die Superchefin bin.« Sie lächelte ein wenig. »Aber dann werde ich wohl keine Mitarbeiter haben, weil: Wer will mit so jemandem zusammenarbeiten!«

Da blitzte die humorvolle Laura von früher auf. Wir begannen zu arbeiten, ich führte sie durch einen Prozess.

Plötzlich schaute sie mich an und sagte: »Jetzt weiß ich, woher ich das Gefühl kenne, wenn ich mich über meinen Chef aufrege. Es ist wie damals, als mein Vater neben mir saß, wenn ich Hausaufgaben machte. Es war noch in der Grundschule, ich war vielleicht acht Jahre alt. Ich hatte das Gefühl, ich bin dumm, ich kapiere das nie. Und mein Vater hat mich angesehen, als wäre ich eine vollkommene Idiotin, nein … als würde ihn das nerven, als würde *ich* ihn nerven … oder …«, sie überlegte. »Er hat mich einfach nicht ernst genommen.«

Tränen liefen ihr übers Gesicht, ihr Blick wurde weich, dann staunte sie selbst über ihre Erinnerung. »Ich sehe mich am Wohnzimmertisch sitzen mit meinem Vater. Draußen sind meine Freunde schon am Spielen. Ich muss aber drinbleiben.« Sie seufzte. »Es war ein ständiger Kampf, ich habe es so sehr gehasst, jeden Tag diese Hausaufgaben. Ich war so froh, als mein Vater wieder einen Job hatte und ich meine Aufgaben allein machen konnte.« Sie richtete sich auf: »Und ich war eine gute Schülerin. Später war ich Klassenbeste!«

Jetzt hatte Laura die Fährte ihres inneren Saboteurs aufgenommen. »Das ist ein jüngerer Teil von mir selbst, der mir jetzt ins Handwerk pfuscht, und wenn ich nicht aufpasse, zerstört er meine Karriere!« Erschrocken hielt sie inne, dachte nach und sagte dann: »Dieser jüngere Teil von mir, dieses trotzige kleine Mädchen muss verstehen, dass es jetzt um etwas ganz anderes geht. Die Welt hat sich weiterentwickelt. Wir sind nicht mehr im letzten Jahrtausend bei meinen Schularbeiten. Ich bin eine erwachsene Frau, und ich will mich nicht verhalten wie eine Achtjährige!«

Laura meditierte seit drei Jahren mehrmals in der Woche und war mit der spirituellen Praxis, sich mit der inneren Buddha-Natur zu verbinden, vertraut. Es war ihr vollkommen klar, dass das verlorene eingefrorene Kellerkind im warmen Leuchten Buddhas auftauen würde, dass es genau das brauchte. In einem Prozess, den ich Ihnen ansatzweise als Meditation anbiete, können wir in Verbindung mit der Buddha-Natur diesen Saboteur, der in der Vergangenheit hängen geblieben ist, transformieren und ihm geben, was er benötigt. (Geeignete Meditation: Den inneren Saboteur heilen)

Ich fragte Laura: »Was hätte denn dieses kleine trotzige Mädchen gebraucht?«

»Natürlich Liebe. Wärme. Bestätigung. Das Vertrauen meines Vaters, dass ich es kann.«

Laura erinnerte sich an Momente, in denen sie ganz verbunden war mit ihrer Buddha-Natur. Ich unterstützte den Prozess mit einer Musik, die die Gehirnwellen entspannt.

Laura fühlte sich getragen in sich, und als sie die Qualitäten, die das kleine Mädchen von damals gebraucht hätte, in sich aufgebaut hatte, schickte sie innerlich auf der Zeitlinie Wärme zu diesem kleinen Mädchen. Sie reiste quasi als ihr zukünftiges Selbst in die Vergangenheit. Und weil sie ihre innere Buddha-Natur so intensiv in sich fühlte, konnte sie dem kleinen Mädchen diese heilende Liebe schenken. Sie ließ mich daran teilnehmen: »Jetzt spüre ich, wie ein Strom von warmem, goldenem Licht aus meinem Herzen zu diesem kleinen Mädchen fließt.«

Ich begleitete Laura weiter in diesem Prozess, bis das kleine Mädchen die große Laura, ihr zukünftiges Selbst, erstaunt betrachtete. Bis das kleine Mädchen die Verbindung zu seinem zukünftigen Selbst deutlich spüren konnte. Bis das kleine Mädchen so stark mit seinem zukünftigen Selbst resonierte, dass es in sich das goldene Leuchten seiner Buddha-Natur spürte: warme, weiche, weite, überfließende, grenzenlose Liebe. Bis dieses kleine Mädchen vor ihrem geistigen Auge derart transformierte, dass es als ein strahlendes, kleines, leuchtendes in sich selbst vertrauendes Mädchen, durchdrungen vom Leuchten seiner eigenen ihm innewohnenden Buddha-Natur, diese Hausaufgaben bewältigte und in diesem inneren Bild sogar der Vater erschien – auch er als ein leuchtender Buddha. Laura atmete tief ein und aus. Sie lächelte.

Schließlich lud ich sie ein, sich vorzustellen, wie dieses transformierte kleine Mädchen auf der Zeitlinie Richtung Gegenwart schritt und als erwachsene, strahlende Frau im Hier und Jetzt ankam: »Nun seid ihr nicht mehr getrennt.«

Ich führte Laura einige Schritte weiter im Prozess der Transformation, und sie atmete ihr transformiertes leuchtendes Selbst tief in sich ein, beglückt über ihr neues Verbundensein und Ganzsein.

Ich fragte sie: »Wie geht es dir, wenn du jetzt an deinen nervigen Chef denkst und dir vorstellst, wie du dich selbst und ihn im nächsten Meeting erlebst?«

Laura neigte den Kopf schräg, spürte in die bevorstehende Begegnung hinein und sagte dann verblüfft: »Jetzt sind wir auf Augenhöhe. Vorher war er über mir. Das hat mich bedroht, es war dunkel, eng, laut. Jetzt ist es irgendwie neutral.«

Zwei Wochen später schickte sie mir ein Feedback. »Es läuft super mit meinem Chef, die Arbeit macht mir wieder Freude. Ich bin auch allgemein wieder in meiner Kraft. Dieser Konflikt mit meinem inneren Saboteur hat mich wohl mehr gebeutelt, als ich ahnte. Jetzt habe ich meine komplette Energie zu meiner freien Verfügung und bin hoch motiviert in meinem Job. Mein Herz ist wieder offen, ich bin nicht mehr abgeschnitten. Gestern hat mich der Chef zum Essen eingeladen, und einmal haben wir zusammen Tränen gelacht. Du siehst: Alles fließt!«

Diese Erfahrung machen meine Klienten immer wieder: Indem sie sich verändern, verändert sich auch das Umfeld. Und diese Strategie ist deutlich erfolgreicher, als bis zum Sankt-Nimmerleins-Tag darauf zu warten, dass sich andere Menschen oder die Umgebung ändern. Sie sind in der besten Position, weil Sie den ersten Schritt zur Veränderung tun können.

Ganz konkret

Lass uns anstoßen auf jede Sprosse der Leiter,
Die wir bei unserer Entwicklung gemeistert haben.
Flüstere der ganzen verrückten Welt zu:
»Ich liebe dich! Ich liebe dich!«

Daniel Ladinsky: *Ich hörte Gott lachen,* Gedichte inspiriert von Hafiz

Wie wir die Saboteure transformieren

Die Essenz dieser Transformation besteht in der Heilung der verletzten Kellerkinder durch uns selbst mit der Weisheit und Liebe der uns innewohnenden Buddha-Natur. Von außen sind diese inneren Saboteure nicht zu therapieren. Es bedarf einer fühlbaren Erfahrung. Im ersten Schritt der Transformation lassen wir Liebe zu diesem jüngeren verzweifelten Saboteur strömen, der in der Zeit hängen geblieben ist. Dadurch richtet das verlorene Kind im zweiten Schritt der Transformation seine Aufmerksamkeit auf uns – auf sein zukünftiges Selbst mit seiner göttlichen Buddha-Natur. Dies ist das erste Erwachen, da das Kellerkind sich sonst immer nach außen orientiert. Irgendjemand da draußen soll ihm das geben, was ihm fehlt. Doch die Veränderung kann nur aus dem Inneren geschehen: Nur wir selbst können die Verbindung zu diesem inneren Kind herstellen.

Sobald die Liebe und Wärme *fühlbar* zu diesem jüngeren Teil fließen, kann der nächste Schritt der Transformation erfolgen: Das jüngere Selbst richtet sich auf der Zeitlinie in die Zukunft aus. *Komm jetzt zu mir in deine Zukunft, die schon immer für dich bereit ist. Hier kannst du wachsen, weil du jetzt alles hast, was dir damals gefehlt hat. Jetzt ist in dir deine Buddha-Natur wach. Jetzt bist auch du spürbar getragen vom Göttlichen.* Alles, was gefroren war, strömt nun warm und leuchtend in uns hinein, und mit unserem Atem erfüllen wir uns mit Buddha. Dieses Aufnehmen des Göttlichen durch den Atem hat mir als christlich erzogenes kleines Mädchen gefehlt. Ich flehte Jesus oder den lieben Gott, die so weit weg zu sein schienen, um Hilfe an. Sie waren ja gar nicht weit weg, wie ein Teil von mir auch wusste. Doch ich traute mich nicht, Jesus einzuatmen. Mutter Teresa tat genau das jeden Morgen in ihrem Gebet, wenn sie sich mit Jesus vereinte. Erlauben wir uns also, das Göttliche, den leuchtenden Buddha in uns hineinzuatmen, damit dieser Körper spürt: Buddha ist in mir, damit sich mein Bewusstsein ausdehnt, damit ich mich als dieses leuchtende Feld erlebe. So löst sich die Trennung auf, Ursprung des Schmerzes der inneren Saboteure. Wir sind wieder heil, und das Leben kann frei durch uns fließen.

Buddha atmen

In der Transformation atmen wir zehn bis zwanzig Mal den geheilten Aspekt unserer Teilpersönlichkeit ein, wodurch wir unsere innere Trennung beenden und damit den Schmerz auflösen, von unserer Buddha-Natur abgespalten zu sein. Sie können statt Buddha ebenso gut einen strahlenden, leuchtenden Jesus als Symbol einatmen und sich mit dem Christusbewusstsein verbinden. Ich empfehle jedoch nicht den Christus am Kreuz, denn er symbolisiert das Leiden. Ist es nicht so, dass wir fast körperlich nachempfinden, wie er gelitten haben muss mit den Nägeln durch Hände und Füße? Wir fühlen uns schuldig, und das erschwert manchen Menschen sogar den Kirchenbesuch. Ich bin immer ganz glücklich, wenn ich in einer christlichen Kirche einen strahlenden Jesus entdecke, der mich mit offenen Armen empfängt. Häufiger findet man Maria-Statuen voller Güte und Gnade. Auch sie atme ich gern ein und habe dann das Gefühl, die göttliche Energie atmet durch mich in die Welt.

In unserem häufig so stressigen Alltag vergessen wir immer wieder, dass wir mit dem Göttlichen verbunden sind. Von morgens bis abends am Erledigen und Abhaken, fallen wir immer wieder aus dem hellen Leuchten unserer Buddha-Natur, die dann wie gedimmt erscheint. Doch unsere spirituelle Praxis führt uns zurück in das göttliche Feld. Verschiedene Pfade bringen uns nach Hause.

Wir können ganz allgemein Licht einatmen. Sehr einfach ist es am Meer, wenn die Sonne tief steht und alles glitzert und funkelt. Das Licht geht immer in Resonanz mit unserem Inneren. Wir können uns auch mit dem Bild des leuchtenden Buddha auf der Lotosblüte auftanken. Wann immer wir diesen goldenen, leuchtenden Buddha als ein Symbol einatmen, öffnet das die leuchtenden Ströme unserer göttlichen Buddha-Natur in uns.

So sehen wir, dass unsere inneren Saboteure, die wir manchmal am liebsten auf den Mond schießen würden, viele gute Absichten haben, die sie jedoch auf eine seltsame Art und Weise zum Ausdruck bringen. Doch wenn wir uns bewusst mit ihnen auseinandersetzen, anstatt sie radikal abzulehnen, machen sie uns auf Verletzungen aufmerksam, für die wir taub und blind geworden sind. Eigentlich können wir uns bei unseren inneren Saboteuren bedanken. Ohne sie wären wir heute nicht da, wo wir jetzt stehen. Erinnern Sie sich – die Dosis macht, ob etwas Gift oder Medizin ist. Jeder Saboteur ist eine bittere Medizin, die unsere Heilung vorantreiben kann.

Buddha Emergency Doc

Manchmal erwischt uns ein innerer Saboteur kalt – dann muss es schnell gehen.

1. Notruf wählen: Drei Mal tief durchatmen und ein kurzes Mantra rezitieren.
2. Buddha leuchtend, strahlend vor sich visualisieren.

3. Aufstehen und in diesen geistigen Buddha einsteigen – falls nicht möglich, weil man nicht allein ist, sich vorstellen, wie der goldene Buddha in den Körper hineingleitet.
4. Navigation an Buddha übergeben: »Was würde der Buddha nun machen, sagen tun und entscheiden an meiner Stelle?«
5. Heiliges Innehalten, wenn auch nur Sekunden oder eine Minute oder auch länger … bis die neue Information präsent ist, die Ihre Werte widerspiegelt. Wenn der Druck sich im Körper gelöst hat, das neue Drehbuch in die Tat umsetzen.

LIVING AS A BUDDHA

Als der Dalai Lama einmal gefragt wurde, wie man am besten damit umgehe, wenn man sich selbst ablehne oder gar hasse, konnte er die Frage auch nach mehrmaligen Versuchen des Übersetzers nicht verstehen.

Vielleicht können wir jetzt am Ende dieses Buches verstehen, warum der Dalai Lama die Frage nicht verstand. Wie kann ich ein verlorenes Kind ablehnen, das mich, gefroren in der Zeit, so dringend braucht? Wie kann ich all diese Persönlichkeitsanteile in mir ablehnen, die einfach nur Liebe brauchen und von mir in das goldene Buddha-Licht gelotst werden möchten? Ich brauche mich nicht zu schämen und abzulehnen für meine inneren Saboteure. Sie sind ein Aspekt der Erfahrung von Menschsein auf diesem Planeten. Deshalb ist es unendlich heilend zu wissen: Alles ist gut. Wir alle können unseren Geist zum Leuchten bringen.

Lernen, mit den inneren Saboteuren umzugehen, bedeutet, ein inneres Friedensabkommen mit sich selbst zu schließen. Was auch eine große Wirkung auf die Welt haben könnte nach dem Motto: *Be the change you want to see happening in the world!*

Je mehr innere Transformation wir leben, desto sichtbarer wird es für die Menschen, die uns begegnen. Sie sehen es in unseren Augen, denn wir lernen, durch Buddhas Augen zu blicken. Wir kultivieren einen milden, klaren, weisen Blick für uns selbst und dieses Leben und schauen mit einem milden, liebevollen Blick auf unsere Vergangenheit.

Wenn Sie regelmäßig praktizieren, geschieht etwas Unerwartetes: Ihre persönliche Geschichte verändert sich. Gewiss, die Fakten bleiben dieselben. Doch die Bedeutung, die Sie ihnen geben, wird sich grundlegend ändern, wenn Sie sie nicht mehr aus den bedürftigen Augen Ihrer aus der Zeit gefallenen Kellerkinder betrachten. So kann sich auch eine unglückliche Kindheit neutralisieren. Sie sind nicht mehr identifiziert mit Ihrem Leiden in der Vergangenheit. Sie beginnen sich, ausgehend von der Gegenwart, für die Zukunft zu interessieren, die Sie durch Ihre Verbindung mit Ihrer inneren Buddha-Natur leuchtend vor sich sehen. Je mehr innere Saboteure wir heilen und aus der Vergangenheit in die Gegenwart bringen, desto freier werden wir. Die Schwere verschwindet aus unseren Zellen, weil wir die gefrorenen Erinnerungen aus der Vergangenheit aufgetaut und emotional gelöst haben. So befreien wir unseren physischen Körper und können mit der Kraft unserer Buddha-Natur unsere eigene Geschichte verändern. Unser Lebenssinn richtet sich darauf, das Glück zu kultivieren und unser Leid zu transformieren.

Vielleicht verstehen Sie rückblickend manchen Sabotageakt kaum mehr – Ihr Blickfeld hat sich erweitert durch den großen Paradigmenwechsel. Wir sind nicht mehr so hoffnungslos im Gefühlschaos verheddert, wenn wir unsere inneren Saboteure transformiert haben. Ach, wie war das anstrengend, als wir dachten, es gäbe keinen Ausweg und wenn, dann sicher nur außerhalb von uns. Dabei war die Lösung immer schon da. In uns und unserer Liebe zu den aus der Zeit gefallenen Kellerkindern.

Plötzlich brauchen wir die Dramen nicht mehr, die uns früher immerhin mit einem Gefühl der Intensität versorgten, wenn auch einem sehr leidvollen. Wir sind angekommen in der Erkenntnis unseres fluiden Bewusstseins, und es gibt nichts Spannenderes! Unser Selbst ist nicht starr, und unsere inneren Saboteure dienen uns als Sprungbrett zur Entwicklung. Tina Turner, die Anhängerin des japanischen Buddhismus ist, nennt diesen Perspektivenwechsel: Gift in Medizin verwandeln. Wir glaubten, etwas würde uns schaden, und dann stellt sich heraus, dass es unserer Heilung diente. Diesen Prozess haben wir mit den inneren Saboteuren vollzogen. Wir wollten sie loswerden, so weit weg wie möglich schicken, und jetzt auf einmal haben wir erkannt, dass sie zu uns gehören.

Auch wenn die Knospe Ihrer Lotosblüte sich noch nicht vollständig geöffnet haben mag – Wachstum ist der natürliche Fluss der Dinge. Die Knospe wächst im Schlamm heran und strebt zum Licht. Eines Tages sitzt der leuchtende Buddha auf der Lotosblüte – oberhalb der Wasserfläche, von deren Existenz die Knospe im Schlamm wenig ahnt. Das heißt, dass wir ohne den Schlamm nicht zur Erleuchtung kommen können. Ohne unseren Geist, der sich seit unserer Geburt gebildet hat, können wir uns nicht entwickeln. Im Buddhismus würden wir auch unser Karma aus früheren Existenzen betrachten, das wir mitgebracht haben. Wären wir alle erleuchtete Wesen, würden wir nicht die Erfahrung Menschsein machen. Wir sind keine Menschen, die eine spirituelle Erfahrung machen, sondern spirituelle Wesen, die die Erfahrung Mensch machen. Ein kleiner Dreher, und die Welt sieht völlig anders aus. Das Verrückte ist, dass man oft jahrelang braucht, bis man die Bedeutung solcher kleinen Dreher verstanden hat. Das ist der Prozess der inneren Entwicklung, mit dem wir unsere Buddha-Natur zum Leuchten bringen. Wir zünden sie nicht an. Wir intensivieren nur, was von Anbeginn da ist in dem Wissen, dass dieses Leben keine Endstation ist.

Insofern können wir uns auch getrost von jedem Anspruch auf Perfektion verabschieden, denn Perfektion unterbricht die Verbindung mit unserer Buddha-Natur. Perfekt mögen Maschinen sein. Menschen sind es nicht. Wir sind fühlende Wesen. Die beste Version von uns selbst ist nicht perfekt, sondern etwas Fluides. Sie ist nicht verhaftet in der Ich-Welt der Persönlichkeit und im Müssen. Sie ist bestrebt, den Sinn des Lebens und den Geist zum Leuchten zu bringen.

In Verbindung sein ist wichtiger als Ich-Sein. Die Verbindung fängt bei uns selbst an und wellt weiter zu allen anderen Geschöpfen und auch Dingen. Deshalb gibt es keine perfekte Spiritualität. Lass dich nicht zu einem Wettbewerb der Pseudoerleuchtung animieren, sonst gehst du einem inneren Saboteur auf den Leim. Es passiert leider, dass sich jemand aufmacht, seine Spiritualität zu leben, und dann doch nur ein neues Konzept auf sein altes Muster sattelt. Und dann endet die Ausbildung zur Yogalehrerin in demselben Zwang und Konkurrenzdruck, die es auch im Büro gab.

Mit Ihrer neuen Wachsamkeit werden Sie solche Gefahren schnell entdecken. Es geht immer weiter und weiter, bis zum letzten Atemzug. Und wenn wir glauben, wir hätten jetzt endlich alles »geschnallt«, dann dauert es nicht lange, und wir haben abermals den Eindruck, dass uns der Durchblick fehlt. Ist es nicht wundervoll, dass die Entwicklung nie endet?

Eine Konstanze bleibt: Unsere Verbindung ins göttliche Feld.

Alles in Buddha

Vergewissere dich immer wieder, dass du online mit deiner Buddha-Natur bist, online mit anderen Menschen und ihrer Buddha-Natur: Alles in Buddha! Wie oft am Tag schaust du auf dein Handy?

Wenn du nur einen Bruchteil dieser Zeit nutzt, um deine innere Verbindung zu checken, wirst du eine große Veränderung in deinem Leben bemerken.

Die Aktivierung unseres geistigen Navis wird zur täglichen Praxis. Beharrlichkeit ist deshalb so wichtig, weil unser Körper angefüllt ist mit Erinnerungen an die Vergangenheit. Diese alten Gedankenmuster wollen uns täglich ins »alte Ich« führen. Wenn wir nicht kontinuierlich die beste Version von uns selbst anklicken und öffnen, ploppen die alten Versionen auf – mit ihren altbekannten Saboteuren: *Siehst du, du hältst nie was durch. Du bist einfach faul. Nie wirst du es schaffen, dich aus deinem Elend zu befreien,* und so weiter und so weiter.

Der Geist orientiert sich immer an dem, was auf dem inneren Bildschirm läuft. Die beste Version von uns selbst kommentiert er mit anderen Gedanken als die Version von vor einem Jahr. Er rutscht sozusagen in die alten »bewährten« Programme, wenn wir ihm keine neuen vorsetzen. Wobei bewährt nicht meint, dass sie gut sind, sie sind einfach nur lange gelaufen und haben Spuren hinterlassen.

Laura, die mit ihrem Chef nicht zurechtkam und im Coaching entdeckte, dass er sie an ihren Vater bei den Hausaufgaben erinnerte, hat diesen inneren Saboteur mit ihrem Buddha-Bewusstsein transformiert und befreit. Dieser Saboteur kann in anderen Verkleidungen abermals auftauchen. Doch Laura wird ihn dann schneller entdecken, sein Muster ist ihr vertraut. Würde Laura nun jedoch träge und sich nicht ihrer Weiterentwicklung widmen, könnte sie schnell wieder in die alten Verhaltensweisen fallen. Manchmal sagen mir Klienten: »Ich habe früher Psychoanalyse gemacht.« Ich frage, wann war das, und höre, dass zwanzig Jahre seither vergangen sind. Nun, damals hat man noch DVDs angeschaut, oder waren es VHS-Videos? Und die stehen auch noch im Regal, und die Klienten schauen sich diese alten Filme an, denn damals haben sie doch dieses und jenes. Ja, das war damals. Doch sie sind seitdem ja nicht stehen geblieben! Erkenntnisse von gestern sehen im Licht von heute anders aus – die Lotosblume ist ein Stück weiter nach oben gewachsen.

Manche unserer inneren Saboteure können sich nicht oder nur schwer von der Vergangenheit trennen. Sie kappen unsere Verbindung zur Gegenwart und Zukunft mit ihrem ewigen: Früher war alles besser. So werden wir vom emotionalen Sog immer wieder in die Vergangenheit gezogen. Wenn wir diese Sogpunkte der verletzen Kinder, der Saboteure, heilen und ins Licht bringen, ist die Vergangenheit kein Dramasog der Intensität mehr, weil die Emotionen dann befreit sind aus den Zellen des Körpers. Wir wollen einen neuen Sog hin zu unserer Buddha-Natur kreieren, die alten Programme überschreiben mit einem neuen.

Buddha Coaching

Den menschlichen Geist zum Leuchten zu bringen bedeutet, alle vielfältigen Schattierungen Schicht um Schicht in Berührung mit dem Göttlichen zu bringen. Manche Themen sind sehr schmerzhaft, andere leicht zu lösen, wieder andere müssen erst einmal gefunden werden. Indem wir in unserer spirituellen Praxis Tag für Tag das helle Leuchten des Quantenfeldes downloaden, bringen wir Licht in jedes Dunkel und schulen stetig unsere Achtsamkeit. Wenn wir mit uns selbst reden, so geschieht das respektvoll, liebevoll. Wir gehen insgesamt achtsamer mit uns um und beschimpfen uns nicht. Wir wertschätzen unseren Körper, der uns die Möglichkeit der sinnlichen Erfahrung schenkt, und behandeln ihn gut. Wir behandeln *uns* gut, weil wir aufgehört haben, uns zu sabotieren.

Aber wir sind keine Heiligen. Wenn wir glauben wollen, wir wären angekommen – was auch immer wir damit meinen –, können wir schnell in den Fängen eines inneren Saboteurs den Versuchungen von Samsara erliegen, der Welt der äußeren Erscheinungen. Innere Saboteure geben nicht einfach so auf. Wir transformieren drei und übersehen zwei. Zeit vergeht, dann finden wir diese zwei, aber es gibt längst neue, oder alte sind reanimiert. Es ist ein kontinuierliches Wachsen, Schicht um Schicht, wenn wir uns in Richtung Licht entfalten.

Auch spirituelle Zweifler können sich unter die Saboteure mischen: *Du bist noch nicht perfekt genug, wann bist du endlich erleuchtet, du hast es noch immer nicht geschnallt.* So klingen alte Mindsets. Aber wir sind kein festes Ich, sondern fluide Wesen. Seien Sie freundlich zu sich und vertrauen Sie sich dem Buddha an auf der Reise zur geöffneten Lotosblume auf dem Wasser. Und wenn Sie drohen unterzugehen:

1. Tief durchatmen.
2. Sich einen Moment zurückziehen – »heiliges Innehalten« – und sich die Erlaubnis geben, nicht gleich zu antworten, nicht gleich zu reagieren. Das vielleicht aussprechen: Ich muss kurz nachdenken.
3. Den Körper aufrichten.
4. Den Geist aufrichten: Welchen Wert möchte ich jetzt leben?
5. Mit Ihrer Buddha-Natur verbinden.

Das wird manchmal klappen und manchmal nicht. Aber immer können wir die gute Absicht leben, uns in Verbindung mit dem

Göttlichen in unserer Buddha-Natur zu entwickeln. Und ist das nicht auch ungemein spannend, sich auf die Schliche zu kommen und herauszufinden, wie ausgebufft man sich selbst seit Jahren austrickst? Man könnte fast stolz auf diese Winkelzüge sein, wenn man nicht ahnen würde, dass da schon wieder ein innerer Saboteur am Werk ist, der einen überreden will, nur noch in Winkeln zu leben.

Und welcher Saboteur ist da gerade auf der Rennstrecke, wenn ich spüre, ich bin gleich auf hundertachtzig! Und wieso habe ich einen so verspannten Nacken? Vielleicht sind Sie in einen (Winkel-)Zug gekommen. Oder ist es der Stau? Sie werden zu spät kommen, das können Sie nicht ausstehen, es macht Sie ganz verrückt, wenn Sie unpünktlich sind. Macht es tatsächlich Sie verrückt oder sägt da jemand an Ihrer guten Laune? Tatsächlich gibt es wichtigere Dinge als diese fünf Minuten. Das kann Ihnen die Buddha-Perspektive zeigen. In die Groteske getrieben, schmunzeln Sie vielleicht über die Vorstellung, dass jemand Sie zu einer Gefängnisstrafe verurteilen würde, weil Sie dreihundert Sekunden zu spät kommen. Sie können auch so tun als ob und versuchen, sich so zu fühlen, als ob sie pünktlich wären. Gleich entspannt sich der Nacken. Manchmal ist es so einfach, vor allem wenn Sie dann am Treffpunkt noch mal fünf Minuten auf ihre verspätete Verabredung warten. Und so weiter und so weiter – Sie wissen ja, was die kluge Mama Forrest Gump gelehrt hat: »Das Leben ist wie eine Schachtel Pralinen. Man weiß nie, was man kriegt.«

Kosenamen erfinden

Sie sind jetzt gewiss schon viel freundlicher zu sich. Welche Kosenamen haben Sie für Ihre inneren Chefsaboteure gefunden? Sprechen Sie sie mit diesen Namen an, wann immer Sie sie wahrnehmen: Na, du kleiner Angsthase, willst du mich mal wieder aufhalten. Hallo, du kleiner Revoluzzer, es wird jetzt keine Demo gemacht, sondern gearbeitet. Na, du fleißiges Lieschen, wie wär's, wenn du mal eine Pause machst, anstatt mich hier durch einen Vierzehn-Stunden-Tag zu prügeln.
Wir nehmen uns selbst in den Arm und wärmen uns in Buddhas Licht.

Der Meister in mir

Alles, was wir auf den vorherigen Seiten gemeinsam geschafft haben, dient unserer geistigen Entwicklung. Wir haben begonnen, in Kontakt mit unserer Buddha-Natur einen inneren Meister zu installieren. Keine Sorge, er ist keine weitere Teilpersönlichkeit, er ist so wahr, wie nur etwas sein kann, und das spüren wir in unserer spirituellen Praxis, denn mit jedem Meditieren, Rezitieren und bewussten Atmen leuchtet er heller. Vielleicht haben Sie zu Hause einen Altar oder eine Buddha-Statue. Man sieht sie seit einiger Zeit auch in Vorgärten, es werden immer mehr. Ich frage mich, wann sie die Gartenzwerge abgelöst haben werden. Was ja gar nicht so schlecht wäre, wenn wir uns bewusst darüber sind, welche Kraftquelle da in unserem Garten steht – alles anderes als ein Zwerg!

Die Buddha-Figur ist ein Symbol für den Erleuchtungsgeist. Buddha als Symbol hat eine Frequenz, ist eine Information, mit der unser Unterbewusstsein resoniert und uns mit dem Größeren verbindet, das ist. Je nachdem, wie intensiv man sich in die buddhistische Philosophie vertiefen möchte, lernt man unterschiedliche Buddha-Aspekte kennen.

Es gibt übrigens auch weibliche Buddha-Formen, im tibetischen Buddhismus heißen sie Taras. In der thailändischen buddhistischen Philosophie sitzt ein goldener Buddha auf der Lotosblüte. Die Idee, die alle Darstellungen teilen, ist, dass wir unseren Gedanken immer wieder auf den Buddha richten. Dadurch finden wir Zuflucht: Unsere Gedanken beginnen und enden in Buddha und finden Schutz. Auch beim Rezitieren stellen wir uns »unseren« Buddha vor. Entweder immer denselben oder denjenigen, den wir jetzt gerade brauchen – ist es der Buddha Amitabha für das grenzenlose Licht oder der Buddha Manjushri für Weisheit und grenzenloses Mitgefühl oder der blaue Medizinbuddha für Gesundheit? Welchen Aspekt wollen wir jetzt gerade in uns stärken? Es ist ein bisschen so wie bei den Heiligen der katholischen Kirche, die ja auch für Aspekte stehen. Nicht wenige Autofahrer fahren eine Christophorus-Plakette spazieren und fühlen sich behütet vom Schutzheiligen der Reisenden.

Das Gemüse

Heute
Würde das Gemüse gern zubereitet werden
Von jemandem, der Gottes Namen singt.
Woher weiß Hafiz von
Diesem tiefen Geheimnis?
Weil wir früher selbst einmal
Tomaten,
Kartoffeln, Zwiebeln oder
Zucchini waren.

Daniel Ladinsky: *Ich hörte Gott lachen*, Gedichte inspiriert von Hafiz

Millionen von Menschen rezitieren über Jahrtausende mit einem auf Buddha gerichteten Blick und haben dadurch dieses Licht im Quantenfeld aufgeladen und laden es weiterhin tagtäglich kontinuierlich auf. Wir finden Zuflucht in diesem mächtigen Feld. Beim Rezitieren und Meditieren und auch beim bewussten Atmen kehren unsere rastlosen Gedanken immer wieder zurück zu Buddha, anstatt über scheinbar Wichtiges und meistens doch eher Unsinn nachzudenken. Dramen bleiben Stürme im Wasserglas in der klärenden Energie des Quantenfeldes. Unsere Probleme und Sorgen werden leichter, neutralisiert im Quantenfeld. Unsere Gedanken beruhigen sich, unsere Energie verändert sich. Wir werden ruhiger, wir sind zentrierter, wir verbinden uns mit der inneren Weisheit des goldenen Buddhas.

In unserer spirituellen Praxis installieren wir den Meister in uns: Wir atmen das Bild des goldenen Buddhas tief, tief in uns hinein, fünf, zehn, zwanzig Mal und immer wieder, bis unsere Zellen beginnen zu vibrieren mit dieser Information des Erleuchtungsgeistes in uns. So schaffen wir einen Zugang zu diesem Weisheitsbuddha in uns. Seine Präsenz wird durch die spirituelle Praxis immer erlebbarer für uns. Wir fühlen uns getragen und geborgen, sicher in seinem Kraftfeld. Und weil wir diese unendliche innere Stärke und Liebe tagtäglich nähren, finden auch unsere inneren Saboteure leichter ans Licht und lassen sich berühren von der bedingungslosen Liebe. Daraus kann ein tiefes, im Christentum würden wir sagen Gottvertrauen erwachsen. Eine weise Gelassenheit kann sich ausbreiten. Was immer da draußen in dieser verrückten Welt geschieht – in meinem Inneren bin ich getragen von Buddha. Oder, christlich gesprochen: Du kannst nie tiefer fallen als in Gottes Hand.

So wird das Leben leichter. Es gibt viel mehr Raum für Freude. Sie werden sich selbst überraschen, weil Sie in Situationen, die Sie früher stressten oder ärgerten, gelassen bleiben, ja vielleicht sogar lachen, weil Ihnen die Absurdität bewusst wird und Sie wissen: Wir sind fühlende Wesen, wir sind nicht perfekt, wir sind alle ein bisschen seltsam. So weicht die Härte auf, Bitternis löst sich. Es geht nicht mehr um richtig oder falsch, sondern darum, jeden Tag in der besten Version von sich selbst neue Lernerfahrungen zu sammeln. Das ist Glück.

Der Diamant bildet sich langsam heran,
durch die große Kraft der Integrität
und durch
den starken Mut, die Liebe niemals aufzugeben.

Daniel Ladinsky: *Die leuchtenden Worte meines Geliebten,*
Gedichte inspiriert von Hafiz

Die Tibeter messen Erfolg daran, wie sehr wir geliebt haben und wie sehr wir geliebt wurden. Für mich ist das eine neue und ganz wunderbare Definition von Erfolg. Denn Lieben in diesem Kontext meint nicht Anhaften und Kontrollieren und Besitzen. Lieben heißt, in der Buddha-Natur sein, an diesem inneren Leuchten im Quantenfeld angedockt sein an die wahre Liebe. Alles, was das Universum zusammenhält, ist Liebe.

Wenn wir unser Bewusstsein immer wieder und wieder auf die Ebene des Quantenfeldes bringen, erleben wir, dass wir nicht getrennt sind, sondern verbunden mit allem. Das ist Lieben. Indem wir diese Liebe aus dem Quantenfeld in unsere Buddha-Natur herunterladen, strahlen wir eine Wärme aus, die andere Menschen geradezu magisch anzieht. Sie wissen vielleicht nicht genau, was es ist, doch sie spüren, wie entspannt und frei sie sich in unserer Nähe fühlen. Ihre innere Buddha-Natur resoniert mit unserer, und das ist unendlich wohltuend.

Das Leuchten unserer innewohnende Buddha-Natur ermöglicht es uns endlich, endlich, Liebe anzunehmen. Wir spüren die Liebe nun auf einer anderen Frequenz, und andere spüren unsere Liebe, frei und bedingungslos. All die inneren Saboteure, die sich noch nicht die Erlaubnis geben konnten zu transformieren, werden angelockt ins Licht, in die Liebe. Die frierenden Herzen der aus der Zeit gefallenen Kinder werden weich und warm.

Alles verbindet sich miteinander im Quantenfeld der Liebe. Es erwächst eine neue Lebensqualität entfalteter Sinnhaftigkeit in uns. Wir müssen nicht ständig tun und leisten und Erfolge abhaken. Wir dürfen sein. Einfach sein mit anderen Menschen, von denen wir auch keine riesengroßen Erfolge verlangen. Sie dürfen sein wie wir. Liebe fließt.

Auf ihrer letzten – oder war es die vorletzte – Konzerttournee durfte ich Tina Turner live in Zürich erleben. Mit meiner Freundin Judith und Zehntausenden anderen sprang ich auf, als Tina die Bühne betrat … ein Moment, den ich nie mehr vergessen habe. Es war, als würde Tina Turner jeden Einzelnen im Publikum berühren. Judith und ich schauten uns ergriffen an, mit Tränen in den Augen. Spürst du das auch?

Ja. Wir hatten Gänsehaut und waren beide zutiefst berührt von der liebevollen Energie und der tiefen Lebensfreude. Bevor diese großartige Sängerin überhaupt den ersten Ton anstimmte, waren wir umarmt von ihrem Energiefeld. Ein Jahr später las ich ein Interview mit Tina Turner, in dem sie erzählte, wie sie sich auf ein Konzert vorbereitet. Sie rezitiert *Nam Myoho Renge Kyo*, das Lotus-Sutra für die Reinheit des Geistes, und verbindet sich aus ihrer inneren Buddha-Natur mit ihrem Publikum. Genau das haben wir in unserem glücklichen Herzen gespürt.

Wir alle sind Superstars – jeder von uns hat seine eigene Hauptrolle. Wir alle sind leuchtende Buddhas auf unserer eigenen Bühne des Lebens. Wir strahlen im Scheinwerferlicht der göttlichen Liebe und tief berührt und berührbar berühren wir alle und alles.

Ich weiß, wie du werden kannst

Wer klar und heil in seinem Innern ist,
Dem geht es nur darum:
Liebe zu verschenken!

Daniel Ladinsky: *Ich hörte Gott lachen*, Gedichte inspiriert von Hafiz

DANK

Dieses Buch ist ein großes Glück, das ich vielen verdanke. Mein Herz fließt über vor Dankbarkeit für meine geliebte Sangha, alle die Teilnehmer und Teilnehmerinnen unserer Seminare und die vielen Klienten und Klientinnen aus meiner Coachingpraxis. Ihr alle habt mich bestärkt auf meinem Weg, und dafür danke ich euch.

Ich danke Shirley Michaela Seul für ihren übersprudelnden Enthusiasmus und ihre Begeisterung, dieses Buch entstehen zu lassen.

Unendlich dankbar bin ich Stephan Schwarz: Mein bester Buddha Buddy, tagtäglich das Dharma mit dir zu praktizieren ist grenzenlos beglückend.

QUELLENNACHWEIS

Autorin und Verlag bedanken sich herzlich für die freundlichen Abdruckgenehmigungen der folgenden Rechtegeber:

S. 11 © Ladinsky, Daniel: *Ich hörte Gott lachen*, Arbor Verlag, Seite 62/63, Freiburg 2011, www.arbor-verlag.de

S. 33 © Ladinsky, Daniel: *Ich hörte Gott lachen*, Arbor Verlag, Seite 89, Freiburg 2011, www.arbor-verlag.de

S. 55: © Ladinsky, Daniel: *Ich hörte Gott lachen*, Arbor Verlag, Seite 82, Freiburg 2011, www.arbor-verlag.de

S. 71: © Ladinsky, Daniel: *Ich hörte Gott lachen*, Arbor Verlag, Seite 91, Freiburg 2011, www.arbor-verlag.de

S. 81: © Ladinsky, Daniel: *Ich hörte Gott lachen*, Arbor Verlag, Seite 91, Freiburg 2011, www.arbor-verlag.de

S. 83: © Ladinsky, Daniel: *Ich hörte Gott lachen*, Arbor Verlag, Seite 81, Freiburg 2011, www.arbor-verlag.de

S. 101: © Ladinsky, Daniel: *Ich hörte Gott lachen*, Arbor Verlag, Seite 90, Freiburg 2011, www.arbor-verlag.de

TIPPS ZUM WEITERLESEN

Allione, Tsültrim: *Den Dämonen Nahrung geben.* 2009 München

Bonelli, Raphael: *Perfektionismus.* 2014 München

Borghardt, Tilmann: *Buddhistische Psychologie.* 2016 München

Chögyam, Trungpa: *Das Jetzt im Strom der Zeit.* 1992 Frankfurt

Chögyma, Trungpa: *Buddhas Rezept für die Befreiung vom Leiden.* 2009 Oberstdorf

Chopra, Deepak: *Lerne lieben, lebe glücklich.* 1998 Bergisch Gladbach

Dalai Lama: *Die Liebe Quelle des Glücks.* 2005 Freiburg

Dalai Lama: *Die Weisheit des Verzeihens.* 2005 Bergisch Gladbach

Dalai Lama: *Das Leben tiefer verstehen.* 2007 Freiburg im Breisgau

Dalai Lama: *Über Liebe, Glück und was im Leben wichtig ist.* 2012 Freiburg im Breisgau

Dispenza, Joe: *Ein neues Ich.* 2013 Burgrain

Dispenza, Joe: *Wie gewöhnliche Menschen das Ungewöhnliche erreichen.* 2017 Burgrain

Dweck, Carol: *Selbstbild.* 2007 Frankfurt

Gottman, John: *Die Vermessung der Liebe.* 2014 Stuttgart

Hesse, Hermann: *Das Lied des Lebens.* 1986 Frankfurt

Hesse, Hermann: *Bäume.* 2014 Berlin

Kissler, Alexander: *Die infantile Gesellschaft.* 2020 Hamburg

Ladinsky, Daniel: *Love Poems from God.* 2002 London

Ladinsky, Daniel: *Ich hörte Gott lachen.* 2011 Freiburg in Breisgau

Ladinsky, Daniel: *Hafiz.* 2013 Bielefeld
Lama Ole Nydal: *Buddha und die Liebe.* 2005 München
Lama Thubten Yeshe: *Allumfassende Liebe.* 2008 München
Lipton, Bruce: *Spontane Evolution.* 2009 Burgrain
Osho: *Reife.* 2004 Berlin
Peterson, Jordan B.: *12 Rules for life.* 2018 München
Richo, David: *Fünf Dinge.* 2007 Oberstdorf
Richo, David: *Reif werden füreinander.* 2009 Oberstdorf
Richo, David: *Versöhnung mit der Vergangenheit.* 2010 Oberstorf
Richo, David: *Sei mit dir befreundet.* 2016 Oberstdorf
Rilke, Rainer-Maria: *Wie soll ich meine Seele halten.* 1994 München
Salzberg, Sharon: *Metta Meditation.* 2003 Freiamt
Salzberg, Sharon: *Wahre Liebe.* 2017 München
Schwarz, Cornelia mit Stephan Schwarz: *Schluss mit Psychospielchen.* München 2018
Schwarz, Cornelia mit Stephan Schwarz: *Richtig gut rüberkommen.* München 2018
Schwarz, Stephan: *Es ist noch kein Meister in den Himmel gefallen.* München 2021
Seul, Shirley: *Das Leben ist keine To-do-Liste.* 2015 München
Thich Nhat Hanh: *Die Quelle der Liebe.* 2012 Freiburg im Breisgau
Thurman, Robert: *Revolution von innen.* 1999 München
Turner, Tina: *Happiness.* 2020 München

LINKS

Hier der Link und der QR-Code zu den Meditationen:
www.schwarzschwarz.com/glueckesbuddha-meditationen/

Meditationen (kostenloser Download)
Reise nach innen
Vorbereitung auf den Tag mit Buddha
Ja/Nein-Konflikt auflösen
Den inneren Saboteur heilen

Für Herzfrequenzmusik
Meditative Mind
Sub Bass Meditation Music
Zen Relaxation Healing Music
Good Vibes Binaural Beats

Für Atemübungen
Take a deep breath
Wim Hof

Mantra praktizieren
Regula Curti – Thema

Tina Turner Blog
Deva Premal & Miten

DIE AUTORIN

Weiterführende Informationen über Cornelia Schwarz und die Leadership Akademie finden Sie unter:
www.schwarzschwarz.com

Facebook: Cornelia Audrey Schwarz

Instagram: corneliaaudreyschwarz